KB216818

지혜를 구하자
문제를 주셨습니다

지혜를 구하자

문제를 주셨습니다

힘을 구하자

시련을 주셨습니다

사랑을 구하자

사람을 주셨습니다

**철학의 언어로 재해석된
3500년 성경의 말들**

시라토리 하루히코 편역
이지현 옮김

Wilma

이 세상의
매일 반복되는 일상에 지쳤다면,
내게 오라.
어떻게 하면 평안으로 충만한 삶을
살 수 있는지 알려주겠다.

이 세상의
사랑에 지쳤다면
내게 오라.
진실한 사랑이 무엇인지를 보여주겠다.
그리고 나는 네 편이 되겠다.

또한 너를 지치게 한
이 세상의 세속적인 가치관과
다른 진실을 보여주겠다.

예수,
내 삶을 바꿀 인류의 스승

'인간' 예수를 만나다

예수는 공자, 붓다, 소크라테스와 함께 '인류의 스승'으로
우러름을 받곤 한다. 예수는 서른세 살 나이에 십자가에
못 박혔다. 하지만 공자는 71세에, 붓다는 80세에, 소크라
테스는 70세에 숨을 거두었다. 이에 견주면 예수는 한창인
나이에 세상을 떠났다. 그런데도 왜 예수의 가르침은 다른
세 인물이 남긴 말만큼 큰 울림으로 세상에 다가올까?

　기독교에서 예수는 '하나님의 아들'이다. 기독교의 교리
와 신학 안에서 그는 최고 자리에 있다. 예수는 죽음 가
운데 부활하였으며, 하늘에 올라 하나님의 오른편에 앉아
있다가 정의로 우리를 심판하러 오실 분이다. 기독교인들
은 이를 믿는다고 고백한 사람들이다.

하지만 기독교 신앙을 갖지 않은 이들에게 예수는 어떤 사람일까? 예수는 스스로를 '인자人子', 즉 '사람의 아들'이라 불렀다. 종교에 대한 생각을 내려놓고 '인간'인 예수, 청년의 삶을 살다 간 예수의 삶을 살펴보자. 이유 없이 오래가는 평가는 없다. 대부분의 독자는 과연 예수는 인류의 스승이라 불릴 만하다고 고개를 끄덕이게 될 듯싶다.

예수는 갈릴리 사람이다. 서른 살까지의 생애에 대해서는 별로 알려진 바가 없다. 아마도 목수였던 아버지의 일을 도왔을 것으로 짐작될 뿐이다. 요한에게 세례를 받은 후, 그는 광야로 떠난다. 그리고 세상을 떠돌며 가르침을 전했다.

이때 그의 나이가 서른 살 언저리였다. 그만큼 예수의 행적에는 청년다움이 가득하다. 가진 것, 누리는 것이 많은 노회한 자들은 몸을 사린다. 그러나 젊은 예수는 거침이 없다. 사람들이 무척 싫어하는 세금 징수원, 죄지은 자들, 귀신 들린 사람에 이르기까지, 그는 미움받고 밀려난 이들에게 서슴없이 손을 내밀었다. 그리고 희망을 안겼다.

'여호와가 유대 민족을 이집트에서 벗어나게 하겠다'는

약속에서 비롯된 유월절은 유대인들에게 큰 명절이다. 그 날 예수는 나귀를 타고 예루살렘에 들어간다. 이는 무척 위험한 행동이었다. 지배자 로마의 입장에서 봤을 때, 이 는 유대인들이 로마에 맞서겠다는 선언으로 비칠 만했다. 예수는 이미 '유대의 왕'으로 불릴 만큼 사람들의 인기를 끌지 않았던가.

젊은 예수는 열정 넘치고 과감했다. 성전 앞에서는 상 인들이 벌인 좌판을 뒤엎었다. 서기관과 종교 지도자들 의 탐욕과 속임수, 경전의 자구에만 매달리는 태도를 꾸 짖었다. 열매를 맺지 못하는 무화과나무를 저주하기까지 한다. 의협심에 피 끓는 젊은이들이 할 법한 행동이다. 그 후에 벌어진 일은 세상에 잘 알려져 있다. 한밤중에 제자 의 밀고로 체포되어 로마 총독에게 재판을 받았고, 십자 가에 못 박혀 숨을 거두었다. 여기까지가 '인간' 예수의 서 른세 살 삶의 궤적이다.

최고의 실존철학자, 예수

'신의 부름'과 '최후의 심판'을 외치는 선지자들은 예수가 살던 시대에도 차고 넘쳤다. 그 가운데 현재까지 기억되는 자들은 거의 없다. 예수처럼 수많은 사람이 수천 년 동안 존경하며 따르는 이는 더더욱 없다. 예수는 도대체 어떤 가르침을 주었기에 숱한 사람들의 마음을 뒤흔들까?

무엇보다 그의 가르침은 매우 실존적이다. 실존철학자들은 언제나 죽음을 가슴에 새기며 살라고 가르친다. 한 시간 뒤에 당신이 숨을 거둔다고 생각해보라. 그대는 무엇을 하겠는가? 돈을 더 모으려고 아득바득하고, 더 높은 자리에 올라가려 한껏 애쓰겠는가? 아마 대부분 그렇지 않다고 대답할 것 같다. 소중한 이들과 함께하는 시간을 갖거나, 미처 못한 사과와 용서로 삶을 올곧게 정리하는 데 시간을 쏟을 것이다.

예수가 가르쳤던 삶이 그러했다. 천국은 멀리 있지 않다. 최후의 심판은 언제든 일어날 수 있다. 이를 가슴에 새기고 살아가라. 부귀영화는 덧없다. 재물을 많이 모은다고 해서 당신이 정말 행복해지는 것은 아니다. 내 것을 빼앗길지도 모른다는 두려움과 의심, 남이 가진 것에 대한 시기와 질투만 늘어날 뿐이다…. 그래서 예수는 말한다.

나는 평화를 주러 온 것이 아니다. 내 손에 평화가
아니라 검을 쥐고 왔다. 나의 사고방식과 말은 상
당한 이질감과 반발을 살 것이다. 이 세상에 익숙
한 자들의 가치관을 거스르기 때문이다. 나는 수많
은 사람이 지닌 지금의 사고방식을 부정한다. 검으
로 잘못됐다며 벌할 것이다.

_마태복음 10:34

젊은 예수는 이토록 거칠었다. 그럼에도 사람들은 열광
했다. 그의 말에 진정성이 가득했기 때문이다. 그의 가르
침에 따르면 행복은 내려놓고 비우며 진정 가치 있는 일
들에 힘을 쏟는 데서 열린다. 그것은 다름 아닌 사랑이다.

나락에 빠졌을 때도 밝은 희망을 안기는 사람
사랑과 정의, 이 둘은 젊은이의 가슴을 타오르게 한다. 정
의로운 예수는 한없이 무섭다. 그러나 사랑을 외칠 때의
그는 더없이 따뜻하다. 그는 마음과 영혼을 다하여 네 이
웃을 사랑하라고 가르친다. 누군가 왼뺨을 때리면 오른뺨

을 내밀라고 하고, 원수를 사랑하라고 거듭해서 강조하기까지 한다. 어떤 경우에도 상대를 미워하지 말고, 진심으로 품으라는 의미다. 이 정도 수준의 사랑은 여느 사람들이 이루기 힘들다.

그러나 예수는 이 땅의 윤리가 아니라 '하늘의 윤리'를 따라 살았다. 아주 어린 아이는 친구를 밀치고 사탕을 제 입에 넣으려 한다. 어른은 사탕을 너그러이 상대에게 양보한다. 어느 쪽이 나은 태도일까? 세속의 잣대를 따르는 일상과 하늘의 윤리에 따라 꾸리는 생활도 그만큼 수준이 다르다. 조건 없이 사랑하고 베푸는 이의 곁에는 사람이 모인다. 반면, 잇속 따지며 자기만 챙기는 자들 곁에는 똑같이 약삭빠른 눈초리를 한 자들만 넘쳐난다.

예수는 "하늘나라는 너희 안에 있다"라며 힘주어 강조한다. 선하고 아름다운 사랑으로 세상을 대해보라. 마음이 천국에 있듯 훈훈하고 편안해질 테다. 독하고 악하게 주변을 대할 때는 어떨까? 예수는 말한다. "실제로 악행을 저지른 자는 이미 심판받았다." 죄책감과 복수심 등으로 가슴이 늘 어지러울 것이다.

이쯤 되면, 예수가 왜 인류의 스승인지 이해가 될 듯싶다. 기독교 신앙을 품고 예수를 신성하게 대하지 않는다 해도, 예수의 조언은 의미 깊다. 그의 말은 우리가 일상을 천국으로 만들 수 있게 하는 깊은 지혜다.

예수의 말은 나락 같은 절망에 빠졌을 때도 밝은 희망을 안긴다. 그는 권력을 쥐고 있던 지도자들에게 강하게 경고한다. "그대들보다 (미움받는) 세리稅吏와 몸 파는 여인들이 가장 먼저 천국에 갈 것이오." 과거의 굴레에 얽매일 때, 영혼은 후회와 분노 속에 머무른다. 잘못을 진심으로 뉘우치고 예전과 다르게 인생을 꾸릴 때는 어떨까? 삶의 희망과 기쁨이 새롭게 쌓여갈 테다. 예수는 가난한 자들을 축복했다. 그리고 사람들에게 집을 나가 재산을 날려버린 아들을 용서하고 환대하는 아버지의 이야기를 들려주었다. 좋은 인생을 살 가능성은 언제나, 누구에게나 열려 있다. 완벽한 인생은 없음에도 세상은 실수한 자들을 멸시와 증오로 몰아붙이며 패배자라는 낙인을 찍어버린다. 그럼에도 허물을 따뜻하게 감싸는 예수의 태도는 지금, 이 시대를 사는 우리에게 많은 생각을 하게 한다.

수천 년의 역사를 통해 검증된 지혜

예수는 2,000여 년의 세월 동안 검증된 '인류의 스승'이다. 기독교 신자가 아니더라도, 그의 말은 새겨들을 만하다. 나아가 그의 태도와 행동을 닮아가려 할 때, 나의 삶은 훨씬 바람직하고 건강해진다. 철학자 시라토리 하루히코가 편역한 이 책은 이를 위한 방법을 자세하게 일러준다. 그는 성경과 외경 속에 담긴 예수의 말을 직접 읽으며 인생철학으로서 마음에 새겼다.

여러분도 스승으로서의 예수를 직접 만나보면 좋겠다. 이 책 『지혜를 구하자 문제를 주셨습니다』는 이를 위한 좋은 가이드가 된다. 페이지마다 그가 추려낸 예수 가르침의 고갱이가 오롯이 담겨 있다. 필사를 통해 매일 꾸준히 마음을 다독이는 방법도 권한다. 이 책을 통해 예수가 남긴 지혜를 일상에 적용해보자. 인생의 혼란을 통과할 깨달음을 얻는 것은 물론, 영혼이 한껏 아름답고 고결하게 자라나고 있음을 느끼게 될 것이다.

안광복(철학 박사)

일러두기

1. 본문에 등장하는 성경 인용 및 번역은 『개역 개정판 비전성경』
   (하용조 목사 저, 두란노서원)을 기준으로 삼았다.

2. 토마스복음 및 빌립복음서 등 외경의 경우 『신약 외경 상권: 복음서』
   (송혜경 역주, 한님성서연구소)를 참고했다.

"성경이 없었으면
우리는 옳고 그름을
구분할 수 없었을 것이다."

_____에이브러햄 링컨

세상에서 가장 오래된 철학자, 예수의 말

이 책은 신앙에 관한 책이 아니다. 기독교 관련 서적도 아니다. 꼭 기독교 신자가 아니라고 해도, 조금이라도 성경을 접해본 이라면 바로 알아차릴 것이다. 이 책은 예수라는 한 사람이 남긴 말에 관해 쓴 것이다. 물론 그가 남긴 말의 일부는 기독교에서 성전으로 여기는 신약성서에 기록되어 있지만, 이 책에서 다루는 예수의 말은 신약성서에 기록된 그대로가 아니다. '초역'이다. 그것도 나의 해석만을 중심으로 한 초역이다.

이런 의미에서 이 책은 나를 통해 예수의 말을 소개한다고 할 수 있다. 다시 말해 나의 주관적인 성경 해석이 깊이 녹아들어 있다는 뜻이다. 이 점을 명심하고 읽어주길 바란다. 덧붙여 '예수라면 지금 이 시대를 사는 젊은이에게 어떤 말을 했을까?'라는 시각으로 편역하기도 했다. 이런 이유에서 가톨릭 성당이나 개신교 교회에서 이 책을 본다면, 새로운 이단이라고 말할 것이다.

그런데 여기서 짚고 넘어갈 문제가 있다. 대체 이단이란 무엇인가? 이단이란 정통과 전통을 따르지 않음을 뜻한다. 바꿔 말하면 '기존 조직 종교의 틀 안에 있지 않다'라는 의미다. 그렇다면 묻지 않을 수 없다. 정통이라고 자칭하는 조직 종교를 통해서 인간은 실제로 구원받았는가? 2,000여 년의 오랜 역사 속에서 조직 종교는 평화를 조성해왔는가? 지금까지 이어지는 전쟁과 살육, 폭력을 온 힘을 다해서 저지해왔는가?

18~19세기를 살았던 시인 요한 볼프강 폰 괴테는 자신을 찾아온 영국의 주교 브리스틀 경을 마주하고 정치가와 종교가가 얼마나 많은 사람을 괴롭히고 죽여왔는지에 대해 다음과 같이 신랄하게 비판했다.

"그들은 단 한 번의 전쟁을 위해서 십만 명을 전쟁

터로 보냈고 그중에 팔만 명을 서로 공격하여 죽게 했다. 또한 살인·방화·약탈하도록 쌍방을 부추겼다. 당신들은 이렇게 포학한 짓을 자행한 뒤에 하나님, 혹은 신께 감사의 기도를 올리고 찬송을 부른다. 당신들은 또한 지옥에 떨어지는 벌이 얼마나 무서운지를 설교하며 자신의 교구에 속한 연약한 사람들을 불안에 떨게 만든다."

_『괴테와의 대화』, 야마시타 하지메山下肇 역, 이와나미문고

이처럼 종교가를 비판하는 괴테의 관점은「신과 심정과 세계」라는 시에서 더욱 명료하게 나타난다. 시의 내용을 요약하면 다음과 같다.

"그들은 자신이 아는 최선의 인간적이고 바람직한 모습을 신이라 부른다. 그리고 그것을 자신의 신으로 삼는다."

괴테가 성경을 한 번도 읽지 않고 이 같은 종교관에 이르게 된 것은 아니다. 성경을 누구보다 깊이 읽고 다양한 경험을 통해 학문을 닦았기에 갖게 된 시선이다.

칸트, 쇼펜하우어, 니체, 야스퍼스 등의 철학자도 마찬

가지로 이와 같은 종교관을 가진 것으로 알려져 있다. 『신의 역사』를 집필하며 현대 논객으로 유명해진 카렌 암스트롱도 그렇다.

종교는 가치 있는 것이지, 중요한 것은 아니다. 종교만이 세상과 인간에 대한 비밀을 알고 있는 것도 아니다. 어떤 상황에서든 가장 중요한 것은 개개인의 삶과 생명이다. 그리고 신비한 것은 종교가 아니라 인간 자신이다. 나는 이런 관점에서 이 책을 썼다.

예수는 어떤 인물인가

지금으로부터 약 2,000년 전, 로마제국의 속주였던 중동 팔레스타인 지방에서 한 유대교 주민 남성이 정치범으로 고발당했다. 그리고 당시 중죄인을 벌하던 로마식 십자가형에 처해졌다.

예수*Jesus*라는, 당시에는 흔해 빠진 이름의 이 남성은 나사렛에 사는 목수의 아들이었는데, 처형당한 후에 그가 하나님의 아들이었다고 보는 견해가 널리 퍼졌다. 이것이

약 100년에 걸쳐 확대되어 기독교가 성립되었다. 예수가 죽고 수십 년 후부터 그의 언행과 주변에 있던 사람들에 관한 문서가 집필되기 시작했다. 현재 신약성서라 불리는 이 문서는 기원전 150년 무렵까지 집성되었다고 전해진다. 신약성서가 문서화된 시기는 서기 397년이다.

한편 예수를 칭할 때 쓰이는 '예수 그리스도'는 인명이 아니라 기독교에서 사용하는 특별한 표현으로, '구세주 예수'라는 의미다. 본래 구세주란 자국을 잃은 유대교인을 위해서 새로운 나라를 세우고 왕좌에 앉는 사람을 가리키는 말이었다. 지금은 영혼을 구원하는 하나님의 아들이라는 의미로 사용되는 경우가 압도적으로 많다. 물론 이는 기독교 신학을 따를 때의 이야기다. 유대교에서 보면 예수는 하나님의 아들도 구세주도 아니다.

하나님의 아들인가 아닌가의 문제는 차치하더라도, 일단 예수라는 인물은 실존했던 것으로 보인다. 유대교·기독교와 아무런 관련이 없는 역사서, 예를 들어 타키투스의 『연대기』와 개인 편지 등을 살펴보면 이 인물이 십자가형에 처해졌다는 언급이 있다. 19세기의 철학자 프리드

리히 니체는 예수를 글자 그대로의 의미인 '하나님의 아들'로 보지 않았다. 그러나 예수의 언행에 관해서는 저서 『안티크리스트』를 통해 깊은 이해를 드러냈다. 그는 예수를 기독교라는 새로운 종교를 창설한 사람이 아니라 가엾고 불쌍한 사람들에게 자기 삶의 방식을 보여준 인물로 바라봤다.

> "예수라는 특이한 인물은 가장 내적인 것에 대해서만 이야기한다. '생명', '진리', '빛'이라는 단어는 가장 내적인 것을 나타내는 말이다. 그리고 그가 말하는 천국은 우리가 사후에 가는 곳도, 하나님이 거하는 곳도 아니다. 천국은 '현재에 있으며 처음부터 있었던 것, 또한 정신적인 것들, 이른바 속으로 후퇴한 어린아이'와 같다. 그래서 예수는 '하나님의 나라는 너희 안에 있느니라(누가복음 17장 21절)'라고 말한 것이다. 즉 하나님의 나라는 개인의 마음속 경험이다."
>
> _『안티크리스트』

그렇다면 도대체 예수란 무엇을 행한 인물인가? 나는 신약성서에 기재된 바와 같이 주로 갈릴리 지방에서 가난한 사람들을 보듬고 사랑했던 인물이라고 생각한다. 그런데 여기서 말하는 '가난한'이라는 형용사는 현재 우리가 사용하고 있는 의미보다 범위가 넓다.

당시 유대교 사회에서 쓰이던 '가난하다'는 말에는 하나님의 은혜를 받지 못한다는 의미가 있었다. 왜 은혜를 받지 못한다는 것일까? 본인이 죄를 지었기 때문이다. 당시에는 유대교의 법률인 율법에 반하는 삶의 방식을 따르면 은혜를 받지 못한다고 비난받는 것이 상식이었다. 그래서 가난한 사람은 동시에 죄인이었다. 신약성서에 빈번히 나오는 '가난한 자', '죄인'이라는 표현이 바로 그런 의미다. 이런 이들과 어울렸던 예수도 물론 죄인 취급을 받았다. 게다가 율법을 무시하는 말을 했기에 유대교 체제에서 보면 위험한 인물이었다.

당시 유대교 사회를 이끌었던 율법의 613개 계명은 유대교도의 정체성 그 자체인 동시에 그들의 삶을 칭칭 옭아매는 족쇄이기도 했다. 예를 들어 금요일 일몰부터 토요일 일몰까지의 성스러운 안식일에는 어떠한 노동도 해서는 안 됐다. 밭을 가는 것은 물론 불을 피우는 것도, 멀리 나가서도 안 됐다. 그래서 아픈 사람에게 약을 줄 수도 없었다. 약을 갈아 가루로 만드는 행위조차 노동으로 간주했기 때문이다.

그러나 예수는 안식일이든 뭐든 개의치 않고 멀리까지 나가 병자를 치유했고 배고픔을 견디다 못해 보리 이삭을 따 먹는 사람들을 나무라지 않았다. 율법에 따르면 이 역시 수확이라는 죄에 해당했다. 예수는 "사람이 율법을 위해서 존재하는 것이 아니라 사람을 위해서 율법이 존재해야 한다"고 주장하는 것은 물론, 이를 몸소 실천했다. 다시 말해, 인간주의자였다. 이런 점에서 기원전 5세기 엄격한 카스트 제도 사회에서 계층과 남녀의 구별 없이 모든 사람을 평등하게 대했던 고타마 싯다르타, 즉 부처와도 닮았다고 할 수 있다.

살아 숨 쉬는 인간과 그들의 상황이 가장 중요하다는 일관된 예수의 태도는 간단한 것처럼 보여도 의외로 어려운 일이다. 대부분의 사람은 이해관계나 손익, 욕망, 그때

그때의 감정이나 기분 등에 따라 마음이 흔들리기 때문이다. 당시 사람들 또한 마찬가지였다. 입으로는 '샬롬(어려움 가운데 평강이 함께하길)'이라며 매일 여러 번 인사를 나누었지만, 로마제국의 지배로 인두세를 포함한 무거운 세금에 시달렸던 그들의 마음에 평화는 없었다. 그런 시대에 사랑과 용서를 통한 평화, 평안, 평강을 설파하는 30세 전후의 남자가 의기양양하게 나타난 것이다. 그가 바로 예수다.

그는 "그릇됨을 책망하거나 벌하지 말고, 상대를 용서하라"고 가르쳤고, 더 나아가 "원수를 사랑하라"고도 말했다. 이는 당시 상황에서 보면 너무나도 비상식적인 가르침이었다. 그러나 예수는 모든 다툼과 싸움을 해소하고 각자의 마음을 평온하게 하는 방법은 사랑뿐이라고 주장했다.

예수는 십자가 처형을 당했을 때조차 자신의 마음은 침착하고 평온이 넘쳐흐르고 있음을 몸소 보여줬다. 그러나 죽음에 이르기 바로 직전 "내 하나님이여, 내 하나님이여 어찌 나를 버리셨나이까"라고 외쳤기에 예수도 끝내 인간적인 두려움과 동요를 드러냈다고 해석하는 경우가 많다.

이 외침은 시편 22편 앞부분에 기재되어 있다. 기도하는 시구의 '앞부분'이 적혀 있다는 것은 예수가 시편 22편의 31절(한국천주교중앙협의회에서 발행하여 천주교에서 사용하고 있는 성경에는 시편 22편이 32절까지 있다 —옮긴이)을 모두 언급했음을 의미한다. 이것이 성경의 정해진 기재 방식이다.

크리스천이 아니어도 알 만한 유명한 이 문구는 하나님을 향한 탄식으로 시작하지만, 도중에 하나님께 구원받고 감사하며 끝난다. 따라서 예수는 탄식의 말이 아니라 감사의 말을 내뱉으면서 숨을 거두었다.

나는 이처럼 예수의 무차별적인 사랑이 넘치는 삶과 죽음에 이르렀을 때의 태도 그 자체가 구체적인 구원의 양상이라고 본다. 예수 자신이 구원받음으로써 사람들에게 구원 그 자체를, 즉 평안을 보여준 셈이다.

구원이란 물질적으로 채워지는 것이 아니라 마음이 평온해지는 것을 뜻한다. 또한 구원은 타인에게서 받는 게 아니라 자기 자신이 하는 것이다. 대다수 사람처럼 세파에 찌들어 아등바등 산다면 그때마다 마음이 혼란스러울 뿐 구원은 없다. 다시 말해 구원이란 자기가 사는 방식의 질적인 변화다.

예를 들어 마약이나 도박에 빠져 거액의 빚을 진 사람을 구원하려면 어떻게 해야 할까? 그 사람의 빚을 변제해주면 될까? 아니다. 스스로 마약과 도박에 매력을 느끼지 못하고 자기 일에 몰두할 수 있는 마음을 갖도록 하는 것이 구원이다. 모든 문제는 그 사람의 마음이다. 그래서 스스로 변화로 눈을 돌리도록 만들어야 한다. 이런 의미에서 구원은 자기 자신이 하는 것이다. 예수가 제시한 것은 이처럼 개개인의 내면에서 구원을 실현하게 만드는 행동과 사고방식, 태도다.

이 책에서 다룬 예수의 문장은 이런 관점에서 발췌했다. 또 앞에서도 언급했듯 내 해석을 포함했다. 따라서 이 책은 예수가 제시한 은유의 내용을 참작했다는 의미에서의 '초역 예수의 말'이라고 할 수 있다. '내가 이해할 수 있게 된, 예수의 마음에서 우러나온 말'을 소개한다.

예수의 문장을 은유로 이해하다

앞에서도 언급했듯, 기독교에서 예수는 하나님의 아들이다. 그는 '하나님의 아들'이기에 동정녀 마리아에게서 태어났고 수많은 기적을 낳았지만, 사람들의 오해로 죄인 취급을 당하며 결국 십자가 처형을 받았다. 그가 죽고 장례식이 치러졌으나 시체는 발견되지 않았고, 예수는 하늘로 올라가 부활할 것을 약속했다. 이를 틀림없는 사실로, 진실로 믿겠다고 약속한 사람들이 기독교 신자다. 유럽에서 생겨난 기독교 신학에서는 하나님이 객관적으로 실재한다고 믿는다. 그런 하나님의 아들이 바로 예수 그리스도다.

그러나 나는 하나님과 예수 그리스도의 이야기를 있는 그대로 받아들이지 않는다. 왜냐하면 성경에 기록된 다양한 기적과 기묘한 이야기, 예수라는 남성이 남긴 말은 은유로 받아들여야 그 철학적인 의미를 제대로 이해할 수 있다고 생각하기 때문이다. 실제로 일어났던 사건 자체를 언급하거나 묘사하는 것이 아니라 그와 비교되는 다른 사건, 즉 인간의 심리나 삶의 방식을 나타내는 표현이 기록되는 경우가 더 많다고 본다. 가령 마태복음 5장에는 예수의 말이 다음과 같이 기록되어 있다.

28 나는 너희에게 이르노니 음욕을 품고 여자를 보는 자마다 마음에 이미 간음하였느니라

29 만일 네 오른눈이 너로 실족하게 하거든 빼어 내버리라. 네 백체 중 하나가 없어지고 온몸이 지옥(게헨나)에 던져지지 않는 것이 유익하며

30 또한 만일 네 오른손이 너로 실족하게 하거든 찍어 내버리라. 네 백체 중 하나가 없어지고 온몸이 지옥(게헨나)에 던져지지 않는 것이 유익하니라

'게헨나'라는 곳은 예루살렘 남단에 있는 힌놈의 골짜기로, 쓰레기와 처형된 자들의 시체를 태우느라 항상 악취가 진동했다. 당시 사람들은 만일 지옥이 있다면 바로 이런 곳일 것으로 생각했다.

마태복음 5장에서 예수는 음욕을 품고 여자를 보는 자

에게 진짜로 자신의 눈을 빼내어 버리라고 말하는 것일까? 그렇지 않다. 왜냐하면 '시력을 잃는 편이 게헨나에 던져지는 것보다 낫다'는 비교급 표현을 쓰고 있으므로, 비유적 표현이라는 것을 알 수 있기 때문이다. 성경을 일본어로 번역한 페데리코 바르바로는 이 구절에 "지옥에 떨어질 만한 죄를 짓기보다는 아무리 힘든 일이라도 참고 견뎌야 한다는 가르침이다"라는 주석을 붙였다. 가톨릭교 신부였던 그조차 이 표현을 비유로 바라본 것이다.

이처럼 나는 성경의 문장 전체를 은유·비유로 바라보는 관점을 통해서야 비로소 성경 대부분을 이해할 수 있었다. 심지어 예수 본인조차 자신이 한 말이 비유임을 명확히 언급하고 있다. 예를 들어 마가복음 4장에는 이런 구절이 나온다.

"너희가 이 비유를 알지 못할진대 어떻게 모든 비유를 알겠느냐."

또한 네 개의 복음서를 보면 종종 "들을 귀가 있는 자는 들어라"라는 구절이 반복된다. 이는 단순히 '청각'을 의미하는 것이 아니다. 비유적인 의미를 잘 이해해야 한다는 뜻으로 해석해야 한다.

이처럼 신약성경을 조금만 들여다봐도 금세 알 수 있듯, 예수는 비유를 많이 사용했다. 비유는 자칫 그 뜻이 온전히 전달되지 못하고 오해받기 쉬운데, 왜 이런 선택을 한 걸까? 추측건대 당시에는 예수가 제시하고 싶었던 사상을 표현할 단어가 없었기 때문인 것으로 보인다. 고대에는 지금과 달리 개념어가 매우 부족하지 않았을까? 아니면 개념어가 몇 개 있었다 하더라도, 자신이 접했던 가난하고 불쌍한 사람들은 대부분 문맹이었기에 잘 이해하지 못하리라는 것을 알았기 때문이 아닐까? 또한 예수는 말로 상황과 사건을 충분히 제시하지 못한다는 것을 몸소 알고 있었던 것 같다. 이는 지금도 마찬가지다. 아무리 개념어가 많아도 우리는 말로 자신의 의사를 충분히 설명하지 못하고, 그 메시지가 타인에게 온전하게 전달되지 못하는 경우가 많다.

말은 어떤 의도의 희미한 윤곽 정도밖에 표현하지 못한

다. 그래서 우리는 했던 말을 반복하거나 이런저런 표현을 찾곤 하지만, 결국 대부분 자신의 의도를 명확하게 제시하지 못한다. 일상생활에서 다른 사람과 대화를 나누다 말이 잘 통하지 않았던 경우를 떠올려보면 잘 알 수 있다. 누구나 한 번쯤은 경험해봤을 것이다.

냉정하게 바라봤을 때 성경에 기록된 모든 사건이 실제로 일어난 역사적 '사실'이라면 성경은 순식간에 알 수 없는 장벽으로 덮이고 말 것이다. 혹은 모순에 넘치는, 사상의 정합성 등이 전혀 없는 카오스가 되고 말 것이다. 성경을 이런 관점에서 바라보고 자조하는 서적도 있다. 일본에서 『아무도 가르쳐 주지 않는 성경을 읽는 방법Ken's Guide to the Bible』이라는 제목으로 출간된 켄 스미스의 저서나 가가미 쿄스케의 『바보 같은 다크 판타지 성경으로 입문'バカダークファンタジー'としての聖書入門』 등이 그렇다. 두 저자가 성경이 집필된 당시의 생활 지식이나 유대교인에 대한 문화적 지식이 없어서 오해한 부분은 논외로 하더라도, 현대인이 아무런 예비지식 없이 성경을 읽으면 마치 소동과 혼란으로 가득 찬 이야기처럼 보인다.

그러나 일반적으로 책은 본디 그러한 것이다. 어떤 책이든 독자는 현재 자신이 가진 지식과 이해 능력의 범위 안에서만 해독할 수 있다. 설령 어떤 의미인지 알기 어려운 표현이 있더라도 '대충 이런 뜻이겠지?' 하고 자기 멋대로 유추하곤 한다. 책을 이해하는 방법과 감상이 저마다 다른 이유다.

물론 '성경은 하나님이 쓰신 책이기에 인간이 이해할 수 없는 것은 당연하고, 이해하도록 돕는 것이 바로 신학과 교회다'라는 주장도 있을 수 있다. 그런데 만약 이 주장이 사실이라면 기독교는 일종의 '밀교'로 전락하고 만다. 또한 이와 동시에 개개인이 성경을 읽는 의미와 가치가 없어져버리고 책으로 존재하는 성경의 의의조차 사라질 것이다.

성경이 중요한 무언가를 내포한 책이라면 신학이나 교회라는 중개자 없이도 우리에게 전하는 가르침이 있을 것이다. 그리고 그 내용은 이 세상을 살아가는 데 필요한 지혜일 것이다. 우리 개개인이 성경을 읽고 그 과정을 통해서 얻을 무언가가 숨겨져 있을 것이다.

이 책은 내가 성경을 읽으면서 얻은 것을 포함하여 내 기준으로 예수의 말을 소개한 것이다. 그러니 신약성서에 기록된 예수의 말과 이 책에 적힌 예수의 말을 비교해보면 내가 무엇을 어떻게 받아들이고 깨달았는지를 알 수 있을 것이다.

외경에서도 예수의 언어를 읽어내다

이 책이 참고한 원전에는 일반적으로 널리 알려진 신약성서만이 아니라 외경이라 불리는 서적들도 포함되었다. 외경이란 신약성서에 포함된 27개의 정경에서 제외된 문서를 가리킨다. 이 문서들은 아포크리파(Apocrypha, '감추어진'이라는 뜻이다 —옮긴이)라고도 불리며 기독교 교회에서는 '이단 종교의 허구' 또는 '성스러운 자를 기만하는 문서'로 바라본다. 기독교 교회가 인정하는 정경은 다음의 네 가지 요소를 충족해야 한다.

첫째, 예수의 제자였던 사도들이 쓴 것 또는 사도들에게서 유래되어 사도적인 가르침을 담고 있을 것. 둘째, 지역을 불문하고 교회에서 받아들여지고 있는 것. 셋째, 지금까지의 전례대로 사용되고 있는 것. 넷째, 기독교 신학과 정합성을 유지하고 있는 것.

즉 기독교 전통을 따르고 있느냐와 그 내용이 신학과 일치하느냐로 정경과 외경을 결정한다. 이는 기독교 체제야말로 성경 문서의 진위를 파악하는 권위를 가졌다는 태도에서 나온다.

나는 이런 결정은 이상하다고 생각한다. 브랜드 제품의 진위를 따질 때는 그럴 수 있을지 모르지만, 본래 이 세상에 일어나는 일들의 진위를 명확히 가르는 기준이란 있을 수 없고, 그저 개인 삶의 방식이 그러한 일들에 가치를 부여하는 것 아니겠는가.

바꿔 말하자면 '기독교인이니 옳다' 또는 '기독교인이니 올바르게 행동해야 한다'고 생각하지 않는다. 평가의 기준이 어딘가에 존재할 것이라고도 여기지 않는다. 이 세상을 사는 누구든지 자기 삶의 방식으로 가치를 결정하는 것이지, 외부에서 객관적으로 평가하는 것이 아니라고 생각한다.

이런 사고방식을 가진 나는 정경으로 취급받지 못하는 문서에도 예수의 진의를 나타내는 말이 있을 것으로 판단했다. 예수 본인의 입에서 나온 말이 아니라고 하더라도, 조금이라도 그의 참뜻이 포함되어 있으리라. 따라서 외경에서 그런 부분을 발췌해 나름대로 초역하여 표현했다.

또한 이 책에는 예수의 우화 세 편이 실려 있다. 이 세 편은 옛날부터 아주 유명한 우화로 문예, 영화, 회화 등에 수없이 인용되었다. 이 세 편의 우화를 한 번이라도 읽고 알아두면 앞으로 서양 문화를 이해하는 데에도 반드시 큰 도움이 될 것이다.

자, 그러면 이제 나와 함께 예수의 말을 읽고 들여다보도록 하자. 어느 페이지의 어느 문장이든, 지금의 당신에게 반드시 깨달음과 지혜를 줄 것이라 믿는다.

시라토리 하루히코白取春彦

| 차례 |

I 마음을 평온하게 하라

II 해야 할 일을 하라

Ⅲ 사람을 소중히 여겨라

IV 선하게 살아라

V 조건 없이 사랑하라

VI 세상의 가치관을 의심하라

I

마음을
평온하게 하라

내일 일을 염려치 말라

'내일은 어떻게 될까?' 하며 끙끙 앓지 말라.

내일 일을 이래저래 상상하는 것은 더 큰 고민을 낳을 뿐이니까.

오늘은 오늘대로 최선을 다했으니, 충분하지 않은가?

오늘을 열심히 산 자신에게 만족하자.

편안한 마음으로 천천히 식사하고 여유롭게 이야기를 나누고 푹 자자. 그리고 웃자. 밝게 웃어보자.

달과 별과 사랑으로부터 위안을 받자. 오늘도 자기 나름대로 잘 살았다고.

마태복음 6:34

걱정하지 말라. 안절부절못하지 말라. 일어나지도 않은 일에 미리 마음 쓰지 말라.

안심하고 침착하라.

무슨 일이 생기면 어떠한가? 그때 일은 그때 생각하면 된다. '이렇게 되면 어쩌지?' 하고 쓸데없는 상상을 반복하며 지금의 시간을 낭비하는 것이야말로 손해다.

마음의 여유를 갖고 지금 해야 할 일에 전념하라.

마태복음 6:31~

사랑이 충만하면
편히 잠들 수 있다

자신의 언행에 대한 인과응보는 매일 주어진다.

이는 너희들 자신이 누구보다 잘 알고 있다.

밤에 잠자리에 들었을 때 마음이 복잡하고 좀처럼 잠

이 오지 않는다면 이는 그날의 인과응보다.

이대로 죽어도 여한이 없을 만큼 평온하게 잠들었다면

그날은 충만한 사랑으로 보냈다는 뜻이다.

마태복음 16:27~

고통에는 가치가 있다

고통받은 사람이야말로 삶의 가치를 안다. 생명의 소중함을 안다.

그러니 고통은 부당한 일도 아니요, 불운도 아니다.

고통에는 지금은 이해할 수 없는 깊은 뜻이 담겨 있다.

그 고통을 견뎌낸 후에야 삶의 찬란한 빛을 뼛속 깊이 절절하게 느낄 수 있다.

토마스복음 58

비하하지 말라

주변 사람들이 너에게 무슨 말을 해도 너는 자신을 비하하지 말라.

너는 가치 있는 사람이다. 단지 지금은 세상 사람들이 너의 가치와 능력을 알아보지 못할 뿐이다.

그러니 어깨를 축 늘어뜨리지 말라. 너답게 당당하게 살아라. 언젠가 너를 지켜보고 있던 사람이 반드시 말을 걸어올 것이다.

마태복음 10:31

두려워 말라 006

불안에 휩싸이거나 겁이 나거나 선뜻 나서기 어렵다면
이는 그만큼 충분하게 준비하지 못했기 때문이다.
그러니 시작하기 전에 꼼꼼히 준비하라.
의심은 스스로 올바르게 살지 못했기 때문에 생겨나는
것이다. 의심을 없애기 위해서라도 청렴하게 살아라.
자신에 대한 평판이나 세상 사람들의 반응을 의식해서
모호하게 말하지 말고, '예', '아니오'를 명확히 하라. 그
리고 두려워 말라. 무슨 일이든 마음을 편히 가라앉힌
후에 착수하라. 두려움은 주저하게 만든다. 일을 늦어
지게 한다. 불안에 떨게 한다.
악을 행하는 것이 아니라면 두려움이 생길 리 없다.

마태복음 14:27

답례하지 못하는 사람에게 베풀어라

순수한 행복감이 무엇인지 알고 싶은가? 그렇다면 잔치를 베풀어 너에게 답례할 수 없는 자들을 초대하라.

고독한 자, 가난한 자, 몸이 불편한 자, 기댈 곳이 없는 자, 늙어 혼자 외로이 지내는 자들을 말이다.

그리고 불신과 의혹의 마음 없이 화기애애하게 잔치를 즐겨라. 그러면 그곳은 천국과 같으리라.

반대로 불쾌함을 맛보고 싶다면 너에게 충분히 답례할 수 있는 자, 즉 일과 연관된 자, 이해관계로 얽힌 자, 장사에 써먹을 수 있을 것 같은 자들을 불러라. 금세 마음이 흐려질 것이다.

누가복음 14:12~

하나님의 나라는
너희 안에 세워진다

진지한 표정으로 "하나님의 나라는 언제 임합니까?"라고 묻는 너희는 지상에 국가가 설립되는 모습을 상상할 것이다.

그러나 내 말은 그런 의미가 아니다.

분명히 하나님의 나라는 세워진다. 단, 그곳은 너희들의 안이다. 너희들 한 명 한 명의 마음속에 하나님의 나라가 세워지고 하나님이 임재할 것이다.

누가복음 17:20~

존재만으로도 모두에게
평안을 주는 사람이 되어라

고집이 센 것은 어느 상황에서든 좋지 않다. 고집을 부리는 것은 의지가 강한 것처럼 보일 수도 있다. 허나 단순히 억지 때문에 그럴 수도 있다. 그래서 고집이 센 자는 자신의 주장을 펼치려는 생각만 할 뿐 주변의 상황이나 사정을 고려하지 않고 남의 말을 듣지 않는다.

적어도 너는 그런 사람이 되지 말라. 온유한 사람이 되어라. 늘 상냥하게 행동하라. 너의 존재로 주변 사람들 사이에 긴장감이 조성되는 것이 아니라, 마음이 따뜻해지고 모두가 편히 쉴 수 있는 그런 사람이 되어라.

그곳에는 네 곁에 나도 항상 있으리라.

마가복음 10:5~

나는 회개하며
아파하는 자를 사랑한다

내가 사랑하려는 자는 아무렇지 않게 죄를 짓는 사람
이 아니다.

지은 죄를 회개하며 아파하는 자다.

내가 손 내밀고 싶은 자는 슬픔의 늪에서 웅크리고 있
는 자다.

마태복음 9:13~

숨기지 않으면 두렵지 않다

네가 남을 두려워하는 이유는 알려지지 않은 무언가를 숨기고 있기 때문이다. 어차피 완벽하게 숨길 수 없다. 언젠가는 드러난다. 그러니 스스로 드러내어 어깨의 무거운 짐을 내려놓아라.

그리고 사람을 두려워하지 말라.

마태복음 10:26~

네 안의 나쁜 정념을 무시하라

정념은 형태가 없는 유령과 같다.

그러니 정념에 사로잡히지 말라. 만일 정념에 사로잡힌다면 고민이 늘고 결국엔 병을 얻게 될 것이다.

정념은 아주 사소한 계기로 갑작스럽게 커진다. 그 계기는 일상의 소소한 불만 혹은 반감이다. 그러니 네 안에 떠오르는 그런 기분을 지저분하게 담아두지 말라.

치밀어 오르는 불만과 반감을 일부러 무시하고 마치평안의 만족 안에 거하는 것처럼 생활하라.

막달라 마리아 10~

진정한 풍요에 대해 생각하라

탐욕은 어디에서 오는가? 돈과 물질이 많을수록 풍요 롭다는 생각 때문에 생겨나는 것이다.

그러나 곰곰이 생각해보라. 더욱 많은 돈과 물질이 한 사람을 정말로 풍요롭게 하는가?

속사정을 모르는 남이 그를 봤을 때 그가 가진 풍요로 움을 곧바로 알아차릴 수 있는가?

누가복음 12:15~

돈의 유혹에 넘어가지 말라

돈이 많으면 뭐든지 손에 넣을 수 있다며 이런저런 상상을 한들 무엇하겠는가? 그런 상상에 빠져 있으면 아무 일도 할 수 없는데도 말이다. 실제로 큰돈을 손에 쥐고 그 돈으로 무엇을 살지 고민한들 무엇 하겠는가? 고민하는 동안 정작 어떤 일에도 손대지 못한다.

재물*mammon*은 만능할 것 같지만 실제로 그렇지 않다. 돈이 있으면 한 번에 한 짝 이상의 신발을 신을 수 있는가? 자신의 위 크기보다 더 많은 양을 먹을 수 있는가? 힘센 동물을 이길 수 있는가? 모든 기회를 손에 넣을 수 있는가? 그런 일은 없다. 가격이 정해져 있고 시간 제한이 있는 몇 가지 향락만 돈으로 살 수 있다. 진정한 기쁨도 살 수 없다. 이를 깨달으라.

마태복음 6:24

구하지 않는 자가 행복한 사람이다

구하지 않는 자, 바라는 것이 없는 자, 그리고 자신에게 아무것도 없다고 생각하는 자는 그것만으로 행복해질 수 있다. 왜냐하면 그에게는 손에 쥐어지는 것, 주어지는 것 모두가 은혜롭기 때문이다. 모든 것이 기쁨이기 때문이다.

마태복음 5:3

열린 마음을 가져라

어린아이의 천진난만함, 악의 없는 무례함, 솔직함, 자유로움, 걱정 없는 태평함, 무심함 등을 기쁘게 받아들일 수 없을 만큼 마음이 비좁다면, 내가 하는 말과 행동은 언제까지나 이해할 수 없는 수수께끼처럼 남을 것이다.

마가복음 9:36~

갖고 싶은 것을 포기하지 말라

아무리 해도 갖고 싶다면 그 마음을 명확하게 표현해야 한다. 그리고 절대로 포기하지 않는 것이 중요하다.
조금이라도 가능성이 있다면 혼신의 힘을 다해 손을 뻗어서 눈앞으로 끌고와야 한다.

그렇게 해야만 비로소 가질 수 있는데도, 아무것도 하지 않으면서 '아무도 가져다주지 않는다', '아무도 베풀지 않는다', '나에게 맞는 것이 없다'라며 이기적인 불평을 늘어놓는 자는 대체 누구인가?

마태복음 7:7~

죄에 대한 기억은
사람을 노예로 만든다

너는 이따금 과거에 저지른 죄를 떠올릴 것이다. 그리고 과거의 일이니 이미 죗값을 치를 시효가 끝났다고 생각할지 모른다. 그러나 네 마음속에 그 죄는 사라지지 않고 남아 있다.

이것이 바로 죄의 무서운 점이다. 기억에서 지워지지 않고 사람을 죄의 노예로 만든다.

게다가 그 죄는 '어차피 나란 인간은'이라며 자신을 비하하는 사고를 낳는다. 마치 노예처럼 말이다.

요한복음 8:34~

너희는 이 여인을 벌하려고 한다.

이 여인이 다른 여인의 남편과 불륜을 저질렀으니 중죄인이라며 큰소리로 비난하고, 그것으로 부족하여 주먹만 한 돌을 던져 피투성이로 만들어 목숨까지 빼앗으려 한다.

그렇다면 묻겠다. 돌을 집어 든 너희는 이제까지 어떤 죄도 저지른 적이 없는가? 너희는 언제나 사랑으로 충만하며 모든 사람을 사랑으로 보듬어 왔는가?

만일 그랬다면 이 여인을 죄인 취급하지 않을 것이다. 가슴에 손을 얹고 과거를 돌이켜보라. 자, 어떤가? 그럼에도 이 여인을 죽이고 싶은가?

요한복음 8:4~

선행은 곧바로 잊어라

무슨 일이든 여봐란듯이 행동하지 말라.

선행을 베풀었어도 스스로 착한 일을 했다고 착각하지 말라. 그저 평범한 일을 했다고 생각하라.

기부를 했어도 선행을 했다고 착각하지 말라. 남에게 아주 조금 보탬이 됐을 뿐이니. 너는 그보다 훨씬 더 많은 돈을 쓸데없는 곳에 낭비해왔다. 그에 비하면 대수롭지 않은 일이다.

또한 너도 누군가가 어디 먼 곳에서 보내준 도움을 받은 적이 있을 것이다. 기부는 그저 돈을 차례로 보관하고 맡아두는 역할이라고 생각하고 금세 잊어라.

그러면 마음이 평온해질 것이다.

마태복음 6:1~

나쁜 짓을 한 순간에
심판이 내려진다

너는 하나님의 심판이 내려지는 것을 마치 언젠가 갑작스럽게 천둥번개에 맞아 죽는 일쯤으로 상상하고 있을지 모른다.

그러나 악행을 저지른 자는 이미 실제로 심판받았다. 그들은 나쁜 짓을 했다는 자각 때문에 영원히 양심의 가책을 느낄 수밖에 없다. 늘 벌벌 떨며 지내고 여유롭게 행동하지 못한다. 어두운 비밀을 품은 채 계속해서 남의 눈치를 살핀다. 이런 인생은 전혀 즐겁지 않다. 마음 편히 쉴 수도 없다.

이것이야말로 심판받았다는 증거가 아니고 무엇이겠느냐?

요한복음 3:19~

부유한 자는 가엾다

나는 부유한 자를 가엾게 여긴다.

그들이 부를 통해서 얻는 것을 즐기고 그것으로 위안 받기 때문이다. 실제로는 따뜻한 응대를 받으며 사랑이 충만한 대화를 나누고 싶을 텐데 말이다.

그러나 부유한 자는 이런 것들을 모른다. 왜냐하면 돈으로 살 수 있는 것과 마음에서 우러나오는 것을 구별할 줄조차 모르기 때문이다.

누가복음 6:24

유복한 마음을 모르는 자는
비참한 늪에 빠져 있다

세상의 눈으로 보면 물질이나 돈이 많을수록 유복해 보인다. 그러나 사람들은 진정으로 유복한 마음에 관해 전혀 모른다. 내 눈에 그런 이들은 가난이라는 비참한 늪에 빠져 허덕이고 있는 것과 같다.

토마스복음 87

몸은 물론 마음도 씻어라

너희는 무슨 까닭으로 술잔의 바깥쪽만 닦는가?
술잔의 안쪽까지 닦아야 비로소 깨끗해지는 법이다.
이와 마찬가지로 너희는 자기 몸을 정성스럽게 닦지
만, 마음은 조금도 닦지 않는구나.

토마스복음 89

싫다면 벗어나라

마음 깊은 곳에서 싫다는 느낌이 들었다면 언제든 그
것으로부터 벗어날 수 있다. 익숙함과 게으름으로 그
환경에 안주한다면 빠져나오기는커녕 늘 불안한 마음
을 안고 살 수밖에 없다.

빌립복음서 114

욕심에게 먹히지 말라

사자에게 먹히지 말라.

이렇게 경고하는 이유는 야생 사자가 무참히 찢어 먹고 버린 수많은 시체가 세상 여기저기에 널려 있기 때문이다. 그들을 먹어 치운 사자는 바로 권력욕, 출세욕, 탐욕, 지배욕, 독점욕이다.

토마스복음 7

정의와 진리에 대해
진지하게 생각하라

내가 말한 것, 내가 행한 것을 보고 듣고서 이해할 수 있는 사람은 그렇게 많지 않다.

왜냐하면 많은 사람이 자신의 소유물, 재산, 인간관계에 얽매여 있기 때문이다. 이들은 그런 것에 가치가 있다고 믿는다.

그래서 정의와 진리가 무엇인지에 대해 단 한 번도 진지하게 생각한 적이 없고, 오히려 무엇인들 어떠하랴 하며 대수롭지 않게 여긴다.

그래서 이들에게는 진실한 사랑도 동정도 없는 것이다.

누가복음 14:16~

진정한 세례는
영혼까지 바뀌는 것이다

세례를 받는 것이 나를 믿는다는 증거라고 생각하는 사람이 있다. 그리고 세례를 받은 사람은 이제 자신은 모든 것을 용서받았다고 제멋대로 착각하고 또다시 지금까지 살던 세속적인 삶으로 돌아간다.

하지만 세례는 그런 거짓 증서가 아니다. 진정한 의미의 세례는 몸속 깊숙한 곳까지, 즉 영혼까지 바뀌는 것이다. 이는 언행을 통해서 명확하게 드러난다. 이것이야말로 사랑과 영혼에 의한 마음의 세례다.

토마스복음 53~

어린아이처럼
있는 그대로 받아들여라

어른은 내 가르침을 어떻게든 머리로 이해하려고 한다.

그래서 안타깝게도 주눅이 들어 양어깨를 움츠린다.

지식의 양을 자랑하는 똑똑한 어른은 그러기는커녕 오히려 나를 불신한다.

하지만 천진난만한 어린아이는 내 말의 의미를 모를 때라도 내가 행한 것을 그대로 받아들인다. 사리사욕을 알지 못하는 어린아이이기에 느낄 수 있는 것이다.

마태복음 11:25~

둔감한 이기주의자가 되지 말라

왜 자신의 욕망, 손해, 이득밖에 관심이 없는가?

왜 본 것과 들은 것의 의미, 가령 이야기에 담긴 뜻과 가르침을 깊이 이해하려 하지 않는가?

수입의 증감이나 자신에 대한 평판에는 아주 사소한 것이라도 신경을 쓰면서 사랑과 삶의 방식에는 왜 무관심한가? 심지어 타인을 낯선 먼 풍경쯤으로 생각하곤 하지 않는가?

이 시대는 이런 둔감한 이기주의자*egoist*들이 자신만은 꽤 성실한 편이라는 표정으로 주변을 거닐고 있다.

마태복음 11:16~

너희들은 섬뜩한 착각을 하고 있다.

지금 가난과 병에 시달리는 이유는 자신이 과거에 신앙적이지 못한 행동을 했거나 그런 삶을 살았기 때문이라고 착각한다. 그리고 이런 착각은 너희들을 더욱 나약하게 만든다.

이런 쓸모없는 착각에서 벗어나라. 당당하게, 생기발랄하게 살아라. 좋은 일을 떠올려라. 희망을 품어라.

새롭게 다시 태어날 수 있도록 사고방식과 삶의 방식을 밝게 바꿔라.

마태복음 9:10~

어두운 마음은
아무에게도 숨길 수 없다

누구나 잘 알 것이다.

자신이 실제로 무슨 생각을 하는지, 무엇이 갖고 싶은
지, 무슨 일을 하고 싶은지.

많은 사람이 그런 자신의 속마음을 감추며 살아간다.

하지만 남에게는 감출 수 있어도 자기 자신에게는 감
출 수 없다. 마음속이 암흑처럼 어둡고 더럽다면 그것
은 반드시 표정과 행동, 분위기에 묻어난다.

그 암흑은 칠흑보다도 깊기 때문이다.

마태복음 6:22~

평안은 외부에서 오는 것이 아니다

너희는 언젠가 새로운 세상이 올 것이라며 그날을 손
꼽아 기다린다. 대체 왜 그러는가? 어째서 뭔가가 외부
에서 올 것이라고 착각하곤 하는가?
너희들이 바라는 평온한 세상은 이미 임했다. 왜 평온
한 마음으로 그런 세상에서 살려고 하지 않는 것인가?

토마스복음 51

집착하지 말라

아까워하지 말라. 집착하지 말라.

사랑하는 자와 미련 없이 헤어져라.

이 세상은 그저 다리다.

너는 그곳을 건널 뿐이다. 머무르지 말라.

그저 건널 뿐이다. 뒤돌아보지 말라.

인도 파테푸르 시크리의 성문에 새겨진 예수의 말

환상은 지성을 통해서 보인다 035

혼, 영을 통해서 환상을 보는 것이 아니다.

환상은 지성을 통해서 보인다.

막달라 마리아 7~

기적이란 충만한 사랑이다.
세상의 체면이나 손득을 따지지 않는 사랑을 따르면
그것이 바로 위대한 기적이다.

II

해야 할 일을
하라

행동으로 옮겨라

인간으로서 해야 할 도리를 알면서도 수수방관하는 자들을 보고 있자면 역겨움이 치민다.

눈앞에서 악행이 자행되는 것이 빤히 보이는데도 못 본 척하는 자는 공범자나 다름없다.

선악을 알기만 해서 무슨 의미가 있는가? 행동으로 옮겨야 한다. 그래야 세상이 변할 수 있다. 그 전에 자신이 변할 수 있다.

마태복음 7:26~

모두가 기뻐하는 일을 하라

선행이 무엇인지 모르겠다면 모든 이가 기뻐하는 일을 하면 된다. 그 일에는 악한 것이 하나도 포함되지 않으니까.

마태복음 7:12

요령으로는 행복해질 수 없다

너희들은 언제나 틀리다. 어떻게 기도하면 바람이 이루어질까, 얼마를 기부하면 좋을까, 어떤 식사를 하면 만족스러울까 따위에만 신경 쓰고 있으니 말이다.

그런 요령으로는 어떤 결실도 보지 못한다. 가령 마음속으로 누군가를 증오하고 있다면, 어떤 행동을 해도 의미가 없다. 문제는 네가 필사적으로 감추고 있는 마음이다.

너희들은 왜 내가 너희들 삶에 대해 언급한 말에는 신경 쓰지 않는가?

토마스복음 6~

네가 네 주장을 자세하게 설명한다며 이런저런 말을 늘어놓아도, 이는 너 자신을 변호하려는 핑계에 지나지 않는다. 그 시점에서 거짓말을 하는 것과 같다.

자신을 지키려는 생각을 버리고 머리부터 발끝까지 정직하라. '예'면 '예'라 말하고 '아니'라면 '아니오'라고 네 입으로 명확하게 말하라.

그렇게 하지 않고 약삭빠르고 간교하게 처신하는 것은 악의 조종을 받고 있다는 의미다.

마태복음 5:37

말은 그 사람을 명확히 드러낸다

머리와 가슴에 가득 찬 것들은 언젠가 밖으로 흘러넘친다. 그것이 바로 언어다. 그러니 독한 말을 하는 사람은 독한 사람이다. 이는 나쁜 열매를 맺는 나무가 쓸모없는 취급을 받는 것과 마찬가지다.

인간에게 열매란 바로 언어다. 어떤 말을 하느냐를 보면 그 사람의 내면이 어떤지를 명확히 알 수 있다.

마태복음 12:33~

악은 악을 부른다

독한 말을 계속하면 그 사람 주변에는 같은 부류의 사람이 모인다. 즉 심한 말을 일삼고 잔혹한 짓을 행하는 이들이 모인다.

그리고 악은 더욱더 짙게, 잔혹하게 퍼져나간다.

마태복음 12:43~

91

여자를 도구로 보지 말라 042

사람은 도구가 아니다. 가장은 밖에서 열심히 일하고 번 돈을 집에 가져다주는 도구일 뿐인가? 분명히 아니다. 하늘은 햇빛과 비를 가져다주는 도구일 뿐인가? 그렇지 않다.

여자도 도구가 아니다. 가사를 돌보고 너희의 성욕을 채워주는 도구가 아니다. 그런데 너희들은 여자를 도구로 바라보고 있구나.

마태복음 5:27~

남을 보듯 자신을 보라

남의 실수와 잘못, 불결, 나쁜 습관 등은 크게 보이는 법이다. 그렇다면 그렇게 잘 보이는 눈으로 자신의 행동을 찬찬히 살펴보는 것은 어떨까?

그러면 남을 볼 때와 똑같이 수없이 많은 결점이 보일 것이다. 우리는 가장 먼저 자기 자신을 엄격한 잣대로 판단할 필요가 있다.

마태복음 7:3~

이자를 약속받으며 돈을 빌려주지 말라. 담보 없이 그냥 빌려줘라. 되돌려받겠다는 생각 말고 그냥 빌려줘라. 빌려줬다는 사실조차 까맣게 잊어버려라.

물론 돈을 이런 방식으로 빌려주면 세상 사람들에게 바보 취급을 당할 것이다. 그러니 더욱 그렇게 하라.

이것이 사랑으로 돈을 쓰는 방법이니까. 부모가 너에게 그렇게 했듯이.

누가복음 6:35~

선과 악을 역으로 행하지 말라

나를 원망해도 좋다. 내게 심한 욕을 해도 괜찮다. 쓸모 없는 존재라고 해도 상관없다.

그 어떤 심한 짓을 해도 용서할 수 있다. 오해하고 있거나 잘 몰라서 그러는 것이니까.

다만 선행을 악이라고 하거나 악행을 선이라고 하는 것만은 그 누구라도 절대 용서받을 수 없다.

만일 그렇게 한다면 그로 말미암아 제일 먼저 끝없는 고통의 세계로 떨어지게 될 것이다.

마태복음 12:31~

맹세하지 말라. 물론 굳게 약속한다는 증거로 도장을 찍는 것도 안 된다.

어째서 미래를 약속하는가? 내일이 오늘과 같다고 장담할 수 있는가? 날씨도 매일 변한다. 그날의 기분과 사정도 시시각각 달라지는 것이 일반적이다. 이 세상의 모든 것은 변하기 마련이다. 그런데 자기 자신은 절대 변하지 않는다고 맹세할 수 있는가?

나중에 그런 맹세 때문에 거짓말쟁이라는 오명을 얻게 될 것이다. 신용할 수 없는 사람이라는 낙인이 찍히고 말 것이다. 단 한 번 맹세한 탓에 궁지에 몰리고 말 것이다. 이는 너무나도 가혹하지 않은가?

마태복음 5:33~

돈 때문에 선을 버리지 말라

돈만 있으면 이 세상을 느긋하게 살 수 있다고 믿는 사람은 가능한 한 많은 재물을 축적하려고 한다.

이런 자들은 종종 교활한 수단을 통해서 재물을 얻는다. 심지어 먼 곳의 누군가를 병들게 하거나 혹은 남의 물건을 훔쳐서 차지한다. 즉 돈을 버는 데 선악을 따질 필요가 없다고 생각한다.

내 눈에 이런 자들은 돌만 무성한 황무지처럼 비친다. 그들과 같이 황폐한 땅에는 모두를 기쁘게 할 열매가 주렁주렁 열리는 선한 나무가 자라지 못하기 때문이다.

마태복음 13:20~

비옥한 땅이 되어라

너는 비옥한 땅이 되어라. 농부가 씨를 뿌리면 풍요롭게 열매를 맺는 땅이 되어라. 즉 넓은 마음으로 가르침을 받아들이고 그 가르침을 실천에 옮겨라.

험담을 들어도 동요하지 말며 당당하게 살아라. 아무리 심한 일을 당해도 폭력으로 대응하지 말라.

그리하면 너를 조용히 지켜보고 있던 사람들까지 비옥한 땅으로 만들 수 있다.

누가복음 8:4~

사랑이 없는 자는 죽어도
아무도 애석해하지 않는다

인간을 알곡에 비유해보자. 개중에는 알곡과 잘 구별되지 않는 가라지도 섞여 있다. 수확할 때 가라지는 따로 분류하여 불태운다.

혹시 이 비유를 이해하겠는가? 가라지란 사랑을 베풀지 않고 사리사욕만 좇고 늘 남의 눈치를 살피며 '남이 하니까 나도 한다'는 식의 태도를 가진 사람들이다.

그들이 죽은들 아무도 애석해하지 않는다. 모든 이의 기억 속에서 감쪽같이 사라진다. 마치 세상에 존재해서는 안 됐던 사람처럼 말이다.

마태복음 13:28~

죄는 존재하지 않는다 050
죄인이 존재할 뿐이다

죄라는 것은 이 세상에 존재하지 않는다.

죄를 범한 사람만이 존재한다.

막달라 마리아 7:10~

남을 용서하라.
계속 용서하라.
항상 용서하라.
끝없이 용서하라.
슬퍼도 용서하라.

부를 독점하지 말라

어느 막대한 재산을 소유한 부자가 다음과 같이 생각했다. '이 재산을 이용하자. 그리고 더 많은 부를 축적하자.' 그리고 재산을 두 배로 늘리는 방법을 생각해낸 그날 밤, 그는 죽고 말았다.

이 부자를 어떻게 생각하는가? 어리석지 않은가? 방법을 실행하지 못한 채 죽어서 어리석은 것이 아니라, 자신을 위해서 부를 축적하는 데만 전념했기에 어리석은 것이다.

부를 독점하지 말라. 모두와 나눠라. 기쁨을 나눠라. 아까워하지 말라. 부를 유용하게 사용하고 자신을 위해서가 아니라 남을 위해서 살아라.

토마스복음 63

새로운 물은 새로운 잔에 따른다

오래돼서 탁해진 물에 새로운 물을 더한다고 깨끗해지지 않는다. 막 떠온 깨끗한 물은 새로운 잔에 따라야 한다. 이렇게도 당연한 이치를 잘 알면서 인사나 조직은 왜 그렇게 어리석게 배치하는 것인가?

마태복음 9:16~

바람이 있다면 혼자보다 둘이 기도하는 편이 훨씬 좋
다. 그러면 그 바람은 현실이 되기 쉽다. 만일 너희 둘
에게 나와 같은 사랑이 있다면 바람은 이루어질 것이
다. 또한 둘이면 자신들의 바람이 타당한지 아닌지를
더 깊이 생각할 수 있지 않겠는가?

마태복음 18:19~

나는 진리를 행하여
보여줄 뿐이다

"진리란 무엇입니까?"라고 질문해도 나는 대답할 수 없다. 그저 진리를 행하여 보여줄 뿐이다.

요한복음 18:37~

진정으로 필요한 것을 찾아라

진정으로 필요한 것은 언제나 하나다.

그게 무엇인지 확인하고 지금 당장 하라.

누가복음 10:41~

준비만이 불안을 없앤다

어떤 일이든 충분함 그 이상으로 준비하라.

너는 아직 그럴 시기가 아니니 내일 해도 괜찮다며 근
거 없는 생각을 하는데, 그날이 언제 올지 결코 알지
못하리라. 그러니 미리 준비하라. 준비야말로 그 자리
를 얼버무리려는 현명함보다 낫다. 무엇보다 너 자신을
안심시켜줄 것이다.

마가복음 13:35~

진정으로 옳은 일을 하면
고통을 만나게 된다

057

네가 인간으로서 진정 옳은 일을 하면 분명 고통스러
워질 것이다.

하지만 부디 오해하지 않길 바란다. 그 고통은 너의 올
바른 행동에서 비롯된 것이 아니다. 윤리와 선악의 기
준을 제멋대로 정하는 이 세상의 심술과 배척, 공격이
낳는 것이다.

내 고통도 네가 느끼는 고통과 같기에 잘 안다.

토마스복음 58~

한마음이어야
어둠 속에 놓이지 않는다

너는 언제나 한마음이어야 한다. 한마음이자 한 몸이어야 한다. 그렇지 않으면 어둠 속에 놓이게 될 것이다.

어둠 속에 있는 자를 보고 싶은가? 머리를 들어 주변을 살펴보라. 수많은 자가 무리 지어 있을 것이다. 그들은 시끄럽게 불평을 늘어놓는다. 손득에 매인 채 욕망에 허덕인다. 서로 물어뜯거나 불안해하고 초조해한다. 다투고 눈물을 흘린다. 그들은 인간이라고 생각할 수 없을 정도로 분열되어 있다.

그런 자들을 잘 보거라. 그들에게서 빛이 나는가? 칠흑같이 어둡지 않은가? 이는 그들 내면에 빛이 없기 때문이다.

누가복음 17:34~
토마스복음 61~

아무도 모르게 선행을 하라

상을 받기 위해 기부한다면 이는 부끄러운 위선이다.
거액을 기부한다고 해도 남들 눈에 띄기 위한 것이 목
적이라면 이 또한 세상에 만연한 위선과 다를 바 없다.
아무도 모르게 조용히 기부하거나 자신의 힘을 무상으
로 빌려준다면 그것이야말로 선행이다.

마태복음 6:3~

위선자란 자신이 얼마나 힘든 고행을 잘 견디고 있는 지를 보여주려는 사람. 자신이 얼마나 경건하게 행동하 는지를 보여주려는 사람. 하나님의 보살핌과 구원을 받 은 척 시치미를 떼고 있는 사람. 자기 자신은 특별하다 고 착각하고 남도 자신에 대해 그렇게 생각하게 하려 는 사람. 툭하면 하나님의 마음이니 심판이니 진리이 니 하는 말로 일을 결정하거나 속이려는 사람. 종교 관 계자임을 단번에 드러내는 복장을 하고 활보하기를 좋 아하는 사람. 친절한 척하지만 실제로는 남을 비하하는 사람. 추잡한 마음을 숨기고 있는 사람.

마태복음 6:16~

자신의 위선을 되돌아보라

지금 한번 혼자만의 시간을 갖고 자신을 되돌아보라. 매일 위선으로 가득 찬 삶을 살고 있지 않은지 생각해보라.

자기 자신이 하얗게 칠해진 무덤이 아닌지를 천천히 생각해보라. 하얗게 칠해진 무덤은 겉보기에 아름답다. 하지만 그 안에는 시체와 썩은 뼈, 벌레가 득실거린다. 너의 내면은 불법과 거짓말, 허영으로 가득 차 있지 않은가?

마태복음 23:27~

기도는 조용하게 한다

자신이 얼마나 진지하고 종교적으로 경건한지를 보여
주려고 일부러 남의 눈이 있는 곳에 가서 갸륵한 척 기
도하는 것은 점쟁이나 사이비 종교가가 하는 짓이다.
기도하고 싶다면 아무도 모르는 조용한 방으로 들어가
기도하라.

그리고 기도란 자신의 이런저런 욕망을 이루기 위한
의식이 아니다. 그저 자신의 작은 바람 하나를 마음에
새기는 데서 멈춰야 한다. 그런 후에 그것이 실현되리
라고 믿고 마음 편히 지내라.

마태복음 6:5

이 세상에 형벌이 없다면

왜 얄미운 사람을 때리지 못하는가? 왜 증오하는 상대를 죽이지 못하는가?

죗값을 치르는 것이 두려워 남에게 위해를 가하지 않는 것이라면 아무도 없는 곳에서는 남을 상처 주거나 죽일 수 있다는 뜻이 아닌가?

명예를 잃고 싶지 않으니까 도둑질하지 않는다고 말하는 한, 증거가 남지 않는다면 너는 언젠가 도둑질할 것이다.

법이나 엄벌의 정도가 정해지면 나쁜 범죄가 줄어들까? 무엇이 나쁜 범죄를 일으키는가? 너 자신이 자기 삶의 방식으로 대답해야 한다.

마태복음 5:18~

비밀은 언젠가 드러난다

지금은 어두워서 보이지 않는 것도 언젠가 명확하게 보인다. 숨겨진 모든 것들은 언젠가 밖으로 드러나기 마련이다. 소곤소곤 작은 소리로 나누던 이야기도 언젠가 큰 소리로 나누게 될 것이다. 무슨 일이든 영원히 숨길 수 없다.

마태복음 10:26

병들어 아픈 자를 돌보고 가난한 자에게 베푼 나의 행동과 말은 분명히 많은 사람의 오해를 사고 화를 돋울 것이다. 또한 비판과 비난의 대상이 될 것이다.

이는 모든 사람이 그리는 이미지와 다르기 때문이다. 또한 내 행동이 그들 눈에는 너무나도 작게 보이기 때문이다.

마태복음 11:6

나는 '이 세상을 사랑하라'고 명하지 않는다. '이 세상을 사랑해서는 안 된다'라고 명한다.

이는 '사랑을 모르는 수많은 사람을 따라 하지 말라'는 뜻이다. 그들은 진짜 사랑을 모르기에 언제나 불안에 떨며 아군과 적군을 나누어 싸운다. 그러다 지쳐 화를 내거나 눈물을 흘린다.

빌립복음서 112

Ⅲ

사람을
소중히 여겨라

제단에 재물을 바치고 자기 형편에 유리한 것만을 위

해서 기도한다고 갑자기 상황이 변하리라 생각하는가?

경건한 척하며 하나님께 부탁할 일이 아니다.

지금 당장 일어나 사이가 틀어진 형제에게 달려가라.

그리고 어떻게든 마음의 응어리를 풀어라.

마음을 털어놓고 머리를 숙여 사과하고 악수하라.

형제의 손도 따뜻하다는 것을 느껴라.

마태복음 5:23~

네가 사랑할 사람은
네가 사랑하는 사람만이 아니다

네가 사랑해야 할 이웃이 대체 누구냐고 새삼스럽게 묻는 것인가?

이웃이란 네가 사랑하는 사람만을 가리키지 않는다. 이웃이란 너와 관련 있는 모든 사람을 뜻한다. 그리고 네가 스스로 관계를 맺게 되는 이들이다.

그들에게 친절을 베풀어라. 친한 친구를 대하듯 자상하게 대하라. 무슨 일이 있어도 책망하지 말라. 더 나아가 이웃 이외의 사람들에게도 이와 마찬가지로 친절을 베풀어라.

누가복음 10:30~

행동이 없으면
사랑이라 할 수 없다

069

한순간의 동정이나 연민의 정을 느낀 너는 진정으로 착한 마음씨를 지닌 인간인가? 공교롭게도 상황이 여의치 않아 도와주지 못했을 뿐 마음은 움직였으니, 자신은 본래 착하다고 생각해도 되는 것일까?

그렇지 않다. 상황을 조금도 바꾸려 하지 않았으니 착하다고 말할 수 없다. 아무것도 하지 않고 못 본 척 그냥 지나친 사람과 다를 바 없다.

진정으로 착한 마음씨를 지닌 사람은 곧바로 그 자리에서 도움의 손길을 내밀고 그에 드는 비용도 기꺼이 부담한다. 이런 행동이야말로 이웃에 대한 사랑이라고 말할 수 있지 않겠는가?

누가복음 10:30~

지친 여행객에게
시원한 물 한 잔을 내미는 사람처럼

도덕 어쩌고 운운하며 잘난 척하는 자는 필요 없다. 처세에 능해 출세 가도를 달리며 여봐란듯이 거액의 기부금을 투척하고는 사람들의 존경을 한 몸에 받으려는 자도 필요 없다.

내가 사랑하는 자는 지친 여행객에게 웃는 얼굴로 시원한 물 한 잔을 내밀 수 있는 사람이다.

마태복음 10:42

남의 과오를 용서하라.

만일 용서하지 못한다면 너에게는 엄히 단죄할 마음밖에 남지 않는다. 그리고 향후 그 마음으로 너 자신을 보게 될 것이다. 그렇게 된다면 지옥의 길을 걷는 것과 무엇이 다른가?

마태복음 6:14~

슬퍼도 용서하라

남을 용서하라. 계속 용서하라. 항상 용서하라.

끝없이 용서하라. 슬퍼도 용서하라.

그러면 상대는 너의 끈기에 지쳐서 변할 수밖에 없다.

마태복음 18:21~

많은 사랑을 받고 싶다면 많이 용서하라.

이런 행동이 그 자리를 순식간에 하나님의 축복이 넘

치는 나라로 만든다.

누가복음 17:3~

언제까지 자신의 판단은 늘 옳다고 생각할 셈인가? 그런 태도로 남을 이러쿵저러쿵 평가하는 행동은 그만두는 것이 어떤가?

네가 그런 식으로 남을 판단하면 상대방도 너에 대해 이러쿵저러쿵 판단을 한다는 것을 깨닫지 못하는가? 우습게도 네가 가진 것과 똑같은 잣대로 말이다.

게다가 남을 속단하면 의심과 불쾌감 외에 도대체 무엇을 얻을 수 있단 말인가?

마태복음 7:1~

타인에게 꼬리표를 붙이지 말라

나에게 '하나님의 아들'이라고 말하지 말라.

너희들은 언제나 그런 식이다. 이 사람은 고귀하고 저 사람은 가난해서 하나님에게 버림받았다는 등 이런저런 꼬리표를 붙인다. 그런 식으로 남을 결정한다.

이제 이런 행동은 그만두자. 누구든지 변할 수 있다. 그러니 누가 어떻다고 한들 마음대로 속단하지 말라.

마가복음 3:11

시험하지 말라 076

의심이야말로 불안의 씨앗이다. 일단 불안에 휩싸이면 태양이 머리 위에 찬란하게 떠 있어도 마음은 어둡고 혼탁하다.

심지어 불안의 무게를 이기지 못하고 심한 행동을 하는 경우가 있다. 바로 시험이다. 즉 상대방을 떠보고 조종해보는 것이다.

이는 상대방을 깔보니 가능한 일이다. 상대방을 신용하지 않으니 시험하려는 것이다. 이런 두 사람 사이에는 사랑은커녕 오직 끝없는 불신만이 존재할 뿐이다.

시험이란 칠흑같이 어둡고 잔인한 의심의 표출과 같다.

마태복음 4:7

원수를 사랑하라

복수하면 속이 후련해질 것으로 생각하는가?

그러나 만일 복수한다면 그다음은 어떻게 되겠는가?

상대도 너의 행동에 다시 복수해올 것이다.

그리고 복수는 영원히 꼬리에 꼬리를 물고 이어져 끝나기는커녕 결국 모든 사람이 전쟁과 살육에 시달리게 된다. 그러니 서로 괴롭히거나 상처 주는 일은 이제 그만두어라. 복수하고 싶은 마음을 어떻게 해서든 억누르고 가능하면 그 기분을 상대를 향한 사랑의 마음으로 바꿔보라. 어렵겠지만 일단 해보자. 물론 상대는 곤혹스러워 하거나 깜짝 놀랄지도 모른다. 그러나 놀라는데서 끝나지 않을 것이다.

그 사랑은 너에게 반드시 돌아온다.

마태복음 5:43~

천국이란 어딘가에 따로 존재하는 나라가 아니다.

마음의 평안이다.

네가 너로 존재하는 것이다.

어디에 있든 늘 너 자신으로 존재하는 것이다.

원수를 없애려면

원수에게 가까이 다가가라.

원수에게 인사하고 말을 걸어라. 마음에서 우러나오는 말을 나눠라. 원수에게 미소 지어라. 원수와 얼굴을 마주하고 식사하라. 원수를 도와라. 원수의 친구가 되어라. 그러면 원수는 그 어디에도 없을 것이다.

마태복음 5:45~

원수와 화목하면
절대로 지지 않는다

싸움에서 지고 싶지 않다면 아군의 수가 적군의 수를 압도해야 한다. 절대 지지 않고 아군도 잃고 싶지 않다면 원수와 우호적 관계를 맺고 화목해져라.

누가복음 14:31~

선악에 대한 생각이 같은 사람들은 깊게 이어진다

부모와 자식, 형제자매처럼 피를 나눈 사이라도 선악에 대한 생각이 전혀 다르다면 언젠가 그들의 유대는 끊어지고 만다.

오히려 생판 남이라도 선악에 대한 생각이 같은 사람끼리는 부모와 자식, 형제자매보다도 더 깊은 유대와 정으로 이어진다.

마태복음 12:46~

나를 살피거나 걱정하지 말라. 배려, 걱정이라는 것은
세속적인 삶의 방식에서 나온 생각이다. 진실한 사랑에
서 우러나오는 것이 아니다.
그보다 있는 그대로의 나를 사랑하라.

마태복음 16:23~

고향은 나를 받아주지 않는다

고향에서는 나를 받아주지 않는다. 고향 사람들은 나의 어린 시절과 내 가족 모두를 알기 때문이다.

고향에서 계속 사는 사람들은 현재의 나를 보려 하지 않는다. 지금 여기에 서 있는 나의 말을 들으려 하지 않는다.

그들은 자신의 기억 속에 존재하는 어린 내 모습만을 바라본다. 그들의 눈에는 과거의 기억밖에 비치지 않는다. 그리고 그 과거가 현재까지 그대로 이어진다고 착각한다.

토마스복음 31

우두머리야말로 노예다

083

사람들 위에 서는 높은 지위의 사람, 또는 우두머리이
고자 하는 자는 누구보다 겸손해야 한다. 그런 지위를
위해서 남에게 봉사하는 친절한 노예가 되어야 한다.
지도자도 마찬가지다. 자신에게 맞추려고 아랫사람을
강제로 잡아끌 것이 아니라 도움이 필요할 때마다 손
을 내밀고 격려해야 한다.

마태복음 20:25~

원수에게 미소 지어라.
원수를 도와라.
원수의 친구가 되어라.
그러면 원수는 그 어디에도 없을 것이다.

약속을 하고 당일에 자신의 상황이나 기분, 손득, 귀찮음 등을 핑계로 약속을 깨는 일은 절대로 하지 말아야 한다.

도중에 마음을 고쳐먹어서라도, 비록 조금 늦을 것 같아도 약속은 반드시 지키자.

아무리 사소한 약속이라도 거기에 자신의 전부가 걸려 있다고 해도 과언이 아니다.

네가 약속에 대해 어떤 행동을 했는지 상대방은 절대로 잊지 않을 테니까.

마태복음 21:28~

착한 사마리아인

한 유대인이 예루살렘에서 예리코를 향해 가던 도중 언덕
길에서 강도를 만났다. 강도는 가차 없었다. 값나가는 물
건을 빼앗는 것도 모자라 옷을 홀딱 벗겨 벌거숭이로 만
든 다음 죽기 직전까지 때리고 칼로 찔렀다. 그리고 도망
쳤다. 칼에 찔린 유대인은 숨을 헐떡이며 언덕길에 누워
있었다. 자기 힘으로 도저히 움직일 수 없는 상태였다.

그때 마침 유대교 사제가 그 언덕길을 오르고 있었다.
사제는 길 저편에 사람이 쓰러져 있는 것을 알아차리고
언짢은 표정을 지으며 발길을 돌려 반대편으로 걷기 시작
했다.

대대로 신전을 모시는 레위인도 마침 그 언덕길을 오르
고 있었는데, 유대교 사제와 마찬가지로 못 본 척하며 발

길을 돌렸다. 레위인에게는 시체를 만지면 안 된다는 규율이 있었기 때문이다.

그런데 쓰러진 유대인 앞에서 발길을 멈춘 이가 있었다. 바로 당나귀를 타고 여행 중이던 사마리아인이었다. 사마리아인은 역사적으로 유대인과 사이가 좋지 않아서 유대인과 얽히는 일이 거의 없었다. 하지만 이 사마리아인은 길 위에 쓰러진 유대인이 아직 살아 있다는 것을 확인하고 자신이 지니고 있던 기름을 상처에 붓고 붕대를 감아 응급처치를 해주었다. 또한 자신이 타고 온 당나귀에 유대인을 태우고 숙소까지 데려가 정성껏 간호했다.

다음 날 사마리아인은 미룰 수 없는 볼일이 있어 할 수 없이 유대인을 홀로 숙소에 남겨둔 채 길을 나서야 했다. 그는 숙소 주인에게 2데나리온을 건네며 이렇게 말했다.

"내가 숙소를 비운 사이에 이 사람을 간호해줄 수 있겠소? 나는 반드시 돌아올 겁니다. 그리고 만일 비용이 더 들면 나중에 지불하겠소."

자, 강도를 만난 유대인에게 진실한 이웃은 대체 누구인가?

IV

선하게 살아라

빵만 있으면 살 수 있는가

인간은 빵만 있으면 살 수 있는가? 빵을 살 돈만 있다면 살아가는 데 충분할까? 인간은 그런 존재인가?

먹을 수만 있다면 그것으로 족한가?

과연 그럴까? 생각해보라. 너에게 있어 '살기 위해서 필요한 것'은 무엇인가?

마태복음 4:4

산다는 것은
타인과 함께한다는 것이다

삶이란 계속해서 남과 어떤 관계를 맺는 것이다. 자신과 다른 사고방식을 지닌 사람과 연관되는 것이다. 하루하루를 그들과 함께 지내는 것이다. 그들과 이야기를 나누고 생각하고 행동하는 것이다. 아프기도 하고 화내기도 하고 싸우기도 하고 땀 흘리며 웃고 한숨짓는 등 일상에서 끊임없이 다양한 감정을 맛보는 것이다.

너는 도대체 무엇을 중심으로 두고 이런 하루를 보내고 있는가? 무엇을 너의 판단 기준으로 삼고 있는가? 이것이야말로 진정 생각해봐야 할 문제가 아니겠는가? 문제는 그날그날 먹을 빵이 아니다.

마태복음 4:4

인간이 살아가는 데는 먹을 것이 필요하다. 빵을 얻기 위해서 너는 구슬땀을 흘리며 일한다. 배가 불렀다가 다시 공복이 찾아오면 또다시 일을 한다.

인생은 과연 그런 정도의 것인가? 그러다 늙어서 어느 날 죽는, 그런 것뿐인가? 생각해보라. 인생이란 과연 그런 것인가? 너희는 '영원'과 아무런 관련이 없는가? 진정 그런 삶으로 족한가?

요한복음 6:26~

멸망의 길은 넓다

타락하고 망가지는 길은 생각보다 훨씬 더 간단하다.
스스로 이 정도는 아직 괜찮다고 생각하겠지만, 이미
그때는 암흑의 내리막길을 걷고 있을 때다.

모두가 걷는 넓은 길을 따라가다 보면 언젠가 그 길로
접어든다. 왜냐하면 그 길은 다른 이의 눈에도 쉬워 보
이기 때문이다. 걸어갈수록 사람들이 점점 더 늘어날
것이다. 그렇게 서로 밀치락달치락하다가 어느 한쪽 구
석으로 떠밀린 사람들은 무한의 내리막길로 미끄러질
뿐이다.

마태복음 7:13

좁은 길을 가라

고난을 선택하라. 쉬워 보이는 쪽을 선택하지 말라. 좁은 길을 가라. 너무 외로워 눈물이 날 지경이라도 험준한 산꼭대기를 향해 가라. 어둡고 춥고 고된 길을 가라.

마태복음 7:13

자신을 최고로 만들어주는
하나의 길을 가라

아무리 욕심을 부려봤자 하나밖에 이룰 수 없다. 그것
도 온 힘을 다했을 때의 일이다. 지독한 욕심 탓에 이
사실을 잘 모르는 사람이 너무도 많다.

혼자서 두 마리의 말에 올라타 두 개의 활을 쏠 수 있
을 것 같은가? 욕심부리지 말고 자기 나름의 소질과 역
량을 가장 잘 살릴 수 있는 단 하나의 길을 가라.

토마스복음 47~

솔직하게 살아보라. 손해를 따지지 말고 탐욕, 이득도 마음에 담지 말고 인간으로서 올바르게 살아보라. 그런 삶은 빛이 날 것이다.

주변을 살펴보라. 수많은 사람이 연기를 하고 있다. 지위, 명예, 이익을 위해서 아등바등 일하고 아첨하고 뒤에서 험담을 늘어놓는다. 허영을 부리고 서로를 속이면서 점잔을 떨고 마치 자신은 유능한 사람인 척 열심히 연기한다.

그런 사람들 사이에서 절대로 물들지 말라. 너만은 솔직하고 올바르게 살아라. 그리고 사라지지 않는 빛이 되어라. 어떤 그림자도 가리지 못하는 강력한 빛이 되어라.

마태복음 5:14

비둘기의 솔직함과
뱀의 지혜를 익혀라

비둘기처럼 솔직한 삶을 살아라.

하지만 어리석어서는 안 된다. 솔직하면서도 뱀을 능가
할 지혜를 익혀라. 그러지 않으면 이 세상에서 살기 어
려울 것이다.

마태복음 10:16

사랑을 찾는 것이 구원이다

많은 의무에 시달리며 고된 노동을 하느라 지친 자여, 내게로 오라. 쉬게 하리라.

작은 동요에도 힘들었던 마음을 평온하게 하리라. 마음에서 우러나는 진정한 기쁨을 함께 나누자. 내가 편히 잠들게 하리라.

너희들이 나처럼 산다면 어깨에 지워진 짐이 가벼워질 것이다. 그리고 이제까지보다 훨씬 더 많은 사랑을 찾을 수 있을 것이다. 이는 너희가 바라는 구원이다.

마태복음 11:28~

나는 너의 마음속에 있다

나는 존재한다.

나는 너희들 마음속에 있다. 그곳에 있는 나를 바라고

따르라. 나의 사랑과 너의 사랑이 겹치도록 말이다.

그리고 내 말을 법이나 방법으로 여기지 말라.

막달라 마리아 8

마음속이 천국이지 못한 이유는 자신이 남보다 낫다고 생각하기 때문이다

네가 마음속에 천국이 펼쳐지지 않는다고 느끼는 이유는 자신이 남보다 나은 인간이라고 착각하고 있기 때문이다.

또한 수많은 악행을 조용히 행하고 있기 때문이다. 법을 어긴 건 아니라며 조금도 뉘우치지 않고 대수롭지 않은 일로 치부하기 때문이다. 그리고 이따금 누군가를 증오하며 그런 사람은 죽어야 한다고 생각한다. 게다가 이 세상에서 돈이 없으면 잘 살 수 없는 것은 당연지사라 생각하고, 가난해 보이는 자나 병약한 노인을 업신여긴다.

진정으로 그런 사람의 마음속에 평강이 넘치는 천국이 펼쳐질 수 있다고 생각하는가? 너 자신조차 그렇게 생각하지 않을 것이다.

누가복음 18:9~

누구나 일한 만큼의 보수를
받을 권리가 있다

어떤 일이든 노동을 했다면 대가를 받을 권리가 있다.

누구든 각자의 생활을 해야 하니까.

누구든 인간답게 살아야 하니까.

마태복음 20:13~

선생들은 너희들에게 마치 베테랑인 척 또는 전문 지
식을 많이 아는 척 이야기할 것이다. 그리고 선생들은
너희를 자기만의 기준으로 지도하고 주의를 주고 훈련
을 시키려 할 것이다.

하지만 그들에게 배우거나 그들을 맹신했던 자들은 이
윽고 혼란 속에서 갈 곳을 잃고 어딘가에 있을 함정에
빠질 것이다. 그 함정의 바닥에서는 이미 오래전에 목
숨을 잃은 무수히 많은 선생이 쓰러져 있을 것이다.

마태복음 15:12~

배우는 걸로 끝내지 말고 실행하라

선생이라 불리며 교단에 올라 바른 소리만 가르치는 사람들을 무작정 흉내 내지 말라. 너희도 이미 알고 있겠지만 자신의 지위나 수입만을 신경 쓰는 그들은 결국 입으로만 떠들 뿐, 실제 행동으로 옮기지 않는다.

물론 그들의 가르침에는 본받을 것도 포함되어 있으니, 그것만은 배워도 손해는 없을 것이다. 하지만 그들처럼 행동해서는 안 된다.

너희만은 겉과 속이 다른 삶을 살지 말라. 사람을 차별하지 말며 스스로 나서서 허드렛일하고 누구에게든 성실한 자세로 임하라.

마태복음 23:1~

종말이 곧 시작이다

종말이란 곧 시작을 뜻한다.

이해가 잘 안된다면 달리 표현해보겠다.

속세에 대한 관심이 모조리 무가치해지는 것이 즉 종
말이다.

토마스복음 18

지금의 자신을 버리고
새롭게 태어나라

나는 문과 같은 존재다. 이 문을 지나면 구원을 받을 것이다. 그렇다고 문을 지나기만 하면 마법에 걸린다는 말은 아니다. 또한 문이 어딘가 비밀의 장소에 있는 것도 아니다.

'나'라는 문을 지난다는 것은 내 말을 인정하고 삶 속에서 행함을 뜻한다. 즉 너 자신이 지금의 너를 버리고 새롭게 태어나는 것이다. 그것이 너 자신을 구원하는 일이다.

요한복음 10:9~

자신을 버려라.

'나는 태어날 때부터 이런 사람이었다'라는 자아의 착각과 거만, 오만을 버려라. 그러는 김에 자존심도 내버려라. 내면에 자리 잡은 세상에 대한 가치관도 버려라.

"그러면 텅 빈 사람이 되지 않느냐"고 묻는 이들에게, 나는 괜찮다고 답하겠다. 전보다 몸이 훨씬 가벼워질 것이다. 더욱 자유로워질 것이다.

그리고 내게 오라. 그 길은 세상의 길보다 훨씬 걷기 쉬울 것이다.

마가복음 8:34~

비는 모든 사람에게 내린다.
눈물을 흘리는 자에게도, 악인에게도,
기뻐서 날뛰는 사람에게도.
너희들의 사랑도 이런 비와 같기를.

네가 너 자신인 것이 중요하다

네가 지금까지 올바르게 살아왔다면 언젠가 천국을 발견하게 될 것이다. 천국이란 어딘가에 따로 존재하는 나라가 아니다. 마음의 평안이다. 네가 너로 존재하는 상태다. 어디에 있든 늘 너 자신으로 존재하는 것이다. 그런데 유감스럽게도 대부분의 사람이 자신으로 존재하지 못하고 장소와 상황에 따라 말과 행동을 바꾼다. 그들은 분열하고 있다. 그들은 그 분열로 말미암아 늘 고민에 휩싸이고 본래 자신의 모습을 절대 찾을 수 없는 불행에 빠질 것이다.

토마스복음 49~

가난한 자란
자신을 모르는 사람이다

진정으로 가난한 자는 돈과 물질이 부족한 사람이 아니다. 자신을 모르는 자가 빈곤한 사람이다.

왜 자신을 모르는가?

늘 돈과 물질에 마음을 빼앗겨 자신이 어떤 사람인지 생각해본 적이 없기 때문이다.

토마스복음 67~

생명을 준다는 것은
네가 자신을 되찾게 하는 것이다

나는 사람들을 적과 동료로 나누러 온 것이 아니다. 또한 뭔가를 배분하려고 온 것도 아니다.

나는 생명을 주러 왔다.

그러나 생명이란 네가 생각하는 그런 것이 아니다. 내 언행에 따라서 네가 진정으로 너 자신을 되찾을 때, 그 생명이 네 안으로 들어갈 것이다.

누가복음 12:13~

샘의 차가운 물을 마셔라

저기에 샘물이 있는데 모두가 그 주변에 서서 그저 바라볼 뿐, 누구 한 사람 샘에서 차가운 물을 퍼서 마시려 하지 않는다.

왜 이런 자들이 많은 것인가? 내가 그토록 반복해서 말해도, 여러 비유를 들어 말해도 실천하는 자는 몹시 적구나.

새로운 사람으로 다시 태어나고 싶지 않은가? 속세의 때와 고통에 찌든 채로 있어도 좋단 말인가? 그게 편할 정도로 속세에 익숙해진 것인가?

토마스복음 74~

자신을 자신에게 돌려줘라

그 화폐에는 황제의 얼굴이 새겨져 있으니, 세금으로 다시 황제에게 돌려주는 것이 당연하지 않은가?

그런데 너는 자신을 자신에게 돌려주지 않는구나.

사회인이 된 탓인지 너는 계속 사회인으로 머무는구나. 밖에서도 집에서도 혼자 있을 때도 사회인이로구나. 이는 네 본래의 모습을 잃어버린 것이 아니냐? 너 자신을 잊은 것은 아니냐?

지금 당장 너 자신을 되찾아라. 너의 본래 능력과 장점을 너 자신에게 돌려줘라.

토마스복음 100~

내가 부활하는 곳은
네 안이다

나는 부활한다. 세상이 끝나는 날에 부활한다.

네가 이 세상이 정한 규칙에서 벗어나 사랑을 중심으로 한 삶으로 돌아오는 날, 즉 네가 이 세상의 삶을 끝내는 날에 나는 네 안에 부활하고 생기 있게 움직이기 시작할 것이다.

요한복음 6:54~

뉘우침이란
삶의 방식을 바꾸는 것이다

108

뉘우침이란 잠깐 반성하거나 후회하거나, 혹은 자신이 잘못했다며 엎드려 울다가 또다시 이전과 같은 생활로 돌아가는 것이 아니다.

뉘우침이란 이전 삶의 방식과 확실하게 연을 끊는 것이다. 솔직한 삶의 방식으로 돌아가는 것이다. 이렇게 뉘우치고 나면 세상이 전혀 다르게 보일 것이다.

누가복음 13:1~

본래의 자기 모습대로 있는 것이
천국이다

예전에 나는 "남자는 마치 남자가 아닌 것처럼, 여자는 여자가 아닌 것처럼 처신하면 천국에 들어갈 수 있다"라고 말했다. 또한 "내면을 외면처럼, 위쪽을 아래쪽처럼 대하면 천국에 들어갈 수 있다"라고도 말했다.

이는 비유다. 너는 늘 너로 존재하며 말과 행동에 모순이 없는 순수한 하나의 인격체여야 한다는 의미다. 누가 어떤 각도에서 바라보든 항상 너 자신이어야 한다는 뜻이다.

토마스복음 22~

하나님의 나라는 네 안에 있다

하늘의 어딘가에, 멀고 먼 곳에 하나님의 나라가 있다고 믿고 하늘을 우러러보는 행동은 그만두자.

하나님의 나라는 네 안에 있다. 마음속으로 조용히 떠올린 생각과 자신의 행동을 직시하자.

자신의 언행을 스스로 올바르게 지배할 때 비로소 너는 풍요로운 하나님의 나라에 살게 될 것이다.

토마스복음 3

마음이 사랑으로 물들면
그곳이 천국이다

내게 천국이 어디냐고 묻는 사람은 어리석은 자다.

천국은 어딘가에 존재하는 장소가 아니다. 상황이다.

그곳에 있는 사람의 마음 그 자체다.

마음과 행동이 사랑으로 물든 상태다.

토마스복음 24

천국은 처음부터 있었다

천국을 기다리는 사람은 몹시 우매하고 게으른 자다.
누군가 특별한 사람이 천국을 가져다준다고 생각하고
또 실제로 그런 나라가 존재한다고 믿는 순간, 아무것
도 이해할 수 없기 때문이다.
천국은 사랑으로 충만한 삶을 살기 시작하면 곧바로
눈앞에 나타난다. 이런 의미에서 천국은 처음부터 지상
의 모든 곳에 펼쳐져 있다.

토마스복음 113~

이 세상에 익숙해진 자는 천국에 들어가기 어렵다

예전에 나는 "나중에 온 자가 먼저 천국에 들어가고 제일 먼저 온 자가 나중에 천국에 들어갈 것이다"라고 말했다.

이는 비유다. 사람들이 천국에 들어가기를 서로 양보해서 그렇게 되는 것이 아니다.

항상 본래 자기 모습대로 있던 자부터 천국에 들어간다. 그래서 이 세상에 익숙해져버린 사람일수록 천국에 들어가기 어려운 것이다. 물론 어린아이는 그 상태 그대로 천국이다.

토마스복음 4~

나의 말이라는 씨앗이
너희라는 땅에 떨어져 싹을 틔우고
열매를 맺는다

내 말은 작은 씨앗과 같다. 이 작은 씨앗은 너희라는 땅
에 떨어져 싹을 틔우고 무럭무럭 자라 풍성한 열매를
맺을 것이다.
너희가 그 열매를 취하라. 너희들 것이니. 마음껏 수확
하라. 그리고 수확의 기쁨을 모든 이와 나누어라.

마가복음 4:26~

결실을 보는 인간이 되어라

비료를 주어도 열매를 맺지 못하는 무화과는 베어버려라. 나는 기도한다. 네가 열매를 맺는 무화과가 되기를. 나는 네가 맺는 열매를 기뻐할 것이다.

누가복음 13:6~

듣는 귀가 없는 자에게는
무슨 말을 해도 소용없다

씨를 바위 위에 뿌리는 농부는 없다. 씨는 비옥한 땅에 뿌려져야 싹을 틔울 수 있다.

여기서 바위란 무엇을 뜻하는가? '나야말로 착실한 사람'이라고 자부하며 자신감이 넘치는 사람이다. 직함이나 지위에 만족하는 사람이다. 남의 말을 들을 귀가 없는 사람이다.

그들에게 내 말과 행동은 바위 위에 뿌려져 말라비틀어진 씨앗과 같을 뿐이다.

마가복음 4:3~

미움받는 자는
이 세상의 소금이다

너희는 사람들에게 비난받을 것이다. 사람들에게 외면당할 것이다. 그들은 이상한 눈빛으로 너희를 쳐다볼 것이다. 너희를 무시할 것이다.

이 세상에 익숙한 사람들은 모두 똑같다. 그들은 비틀어진 삶을 살고 있다. 돈과 힘을 원하고 자신만 좋으면 그만이라고 생각한다. 하지만 너희는 그렇지 않다. 그래서 이상한 사람으로 취급당하고 비난받고 미움을 사는 것이다.

하지만 너희 같은 자가 없으면 이 세상은 무미건조할 것이다. 너희는 음식에 맛을 더하는 소금과 같은 존재니라.

마태복음 5:13

포도밭의 일꾼

포도를 수확할 시기가 되었다. 큰 포도밭을 소유한 주인이 아침 일찍 수확을 도와줄 일꾼을 구하러 장터로 나갔다. 분주한 장터의 한쪽 구석에는 딱히 할 일 없이 한가하게 어슬렁대는 젊은이들이 있었다. 주인은 그들과 이야기를 나누고 품삯 1데나리온을 조건으로 그들을 고용했다. 그리고 포도밭으로 보냈다.

그럼에도 포도를 수확할 일손이 턱없이 부족했다. 주인은 다시 9시, 12시, 오후 3시에 장터로 나가서 같은 품삯을 조건으로 일꾼을 구했다. 5시 무렵에도 장터를 다시 찾았는데, 할 일 없이 서 있는 남자들이 있었다.

"당신들은 오늘 일을 다 마치고 서 있는 것이오?"

포도밭 주인이 묻자, 그들은 슬픈 표정으로 대답했다.

"아닙니다. 지금까지 일이 없었습니다. 아무도 저희를 고용해주지 않는군요."

"그렇다면 내가 당신들을 고용하겠소. 품삯은 1데나리온인데 어떻소?"

"정말입니까? 감사합니다. 1데나리온을 받을 수 있다면 먹을 것을 사고 가족을 돌볼 수 있습니다."

주인은 이들을 포도밭으로 보냈다.

이윽고 해가 저물어 작업을 마칠 시간이 되었다. 주인은 회계 관리인에게 일꾼의 품삯을 지급하라고 명했다. 열심히 일하느라 땀범벅이 된 일꾼들은 회계 관리인 앞에 줄을 서서 1데나리온씩 받았다.

그런데 일꾼들 사이에서 작은 소동이 일기 시작했다. 이윽고 그들 가운데 한 명이 포도밭 주인 앞으로 나와 말했다.

"이보시오, 어떻게 된 일입니까? 너무 불공평하지 않습니까?"

"무슨 일이오? 무슨 불만이라도 있는 것이오?"

"우리는 아침 9시부터 나와 일했습니다. 그리고 1데나리온을 받았습니다."

"맞소, 장터에서 그렇게 약속하지 않았소?"

"그런데 저녁 5시 무렵에 와서 일한 자들도 있습니다."

"그렇소. 그자들도 내가 같은 장터에서 5시 무렵에 고용했소만."

"그들은 한 시간 정도밖에 일하지 않았고 우리는 아침 일찍부터 종일 뙤약볕 아래에서 열심히 일했습니다."

"맞소. 오늘은 날씨가 무척 더웠소."

"그런 이야기가 아닙니다. 아침부터 와서 일한 우리는 여덟 시간 일했고 그 대가로 1데나리온을 받았습니다."

"그렇소. 그렇게 약속하지 않았소?"

"하지만 한 시간밖에 일하지 않은 자들도 우리와 똑같이 1데나리온을 받지 않았습니까?"

일꾼은 강한 어조로 말했다.

"1데나리온을 주기로 약속했으니 그렇게 한 것이오."

"그러니까 이 얼마나 불공평합니까? 여덟 시간을 일해도 1데나리온, 한 시간을 일해도 1데나리온이라니? 이익의 차이가 너무 크지 않습니까?"

이에 포도밭 주인이 말했다.

"당신은 정녕 그렇게 생각하시오? 노동 시간과 품삯밖에 생각하지 못하는 것이오? 물론 그런 계산법도 있지만, 잘 생각해보시오. 요즘 세상에 가족을 부양하기 위해서 1데나리온은 필요하오. 그래서 나는 품삯으로 1데나리온을 지불하는 것이오. 1데나리온으로 먹을 것을 사거나 생활에 필요한 물건을 살 수 있도록 말이오. 그래서 포도밭에서 일한 모두에게 평등하게 1데나리온을 약속하는 것이오. 그런데 대체 어디가 불공평하다는 말이오? 아니면 당신은 내가 후하다고 해서 시기하는 것이오?"

V

조건 없이
사랑하라

행복이란
타인을 사랑하는 것이다

118

너는 행복이라는 말의 의미를 아는가? 어쩌면 너는 많
은 재산을 보유하고 명예를 얻고 친구가 많고 건강한
것이 행복이라고 생각할지 모른다.

그러나 이는 행복이 아니다.

네게 말하노라. 행복은 남을 사랑하는 것이다.

누가복음 11:28~

사랑을 바라는 자는
언젠가 사랑받는다

119

사랑을 바라는 자는 언젠가 행복에 이르게 된다.

왜냐하면 이 세상에 사랑이 얼마나 적은지 알며 자신부터 더 많은 사랑을 나누려 노력하기 때문이다. 그 사랑이 널리 널리 퍼지면 이윽고 세상은 사랑으로 충만하게 될 것이다.

마태복음 5:6

새로운 세상은 이미 와 있다 120

내게 "도대체 언제 새로운 세상이 오는 겁니까?"라고
묻는다면, 이렇게 답하겠다.

"그날이 이미 왔음을 나는 예전부터 고백해왔다. 그런
데 너는 아직도 깨닫지 못하는 것인가?"

만일 네가 항상 사랑에서 우러나오는 행동을 한다면,
그리고 그 사랑으로 남을 대한다면 너는 이미 새로운
세상에 사는 것이다.

토마스복음 51

적을 사랑하라

모두에게 미움받는 악인이라도 자신을 사랑해주는 존재를 사랑한다.

그러니 너는 그것을 뛰어넘는 행동을 하라. 너를 적시하는 사람도 사랑하라.

누가복음 6:32~

가장 중요한 규율은
사랑하는 것이다

가장 중요한 규율은 무엇인가?

사랑하는 것이다.

사랑만이 모든 것을 충족하고 완성한다.

마태복음 22:37~

내가 주는 새로운 규율은
'서로 사랑하는 것'이다

규율의 대부분은 금지 형태다. '~하지 말라'고 한다. 살인하지 말라, 남의 물건을 훔치지 말라, 배신하지 말라 등이다.

그러나 내가 주는 규율은 금지 형태가 아니다. 그저 '서로 사랑하라'는 것이다.

내가 가르친 사랑으로 너희는 서로를 사랑하라. 무슨 일이 있어도 사랑하라.

요한복음 13:34~

욕망을 동기로 삼지 말라.

이해관계에 따라 움직이지 말라.

어떤 상황에서든 늘 차별 없는 사랑을 따르라.

토마스복음 7~

하나님이 바라는 행동을 하라

너희는 하나님, 신 등을 본 적이 없다고 말한다. 물론 하나님의 말씀도 들은 적이 없다고 생각한다.

그러나 너희는 이미 하나님의 말씀을 알고 있다. 나를 통해 수없이 듣지 않았는가? 그러니 너희는 이미 하나님을 알고 있다.

하나님이 무엇을 바라고 계신지, 이 세상을 어떻게 살아야 하는지 너희들은 이미 잘 알고 있다. 그런데 왜 그대로 행하지 않는 것이냐? 하나님이 바라시는 것은 사랑이 넘치는 행동, 오직 그뿐인 것을.

요한복음 14:7~

하나님은 사랑 속에 존재한다 126

네가 남을 진정으로 사랑한다면 네 마음속에는 나도
하나님도 살아 있다.

요한복음 14:24

지성은 사랑을 통해 자란다

127

사랑이 넘치는 삶을 살기 시작하면 너의 지성은 높아질 것이다. 일과 주변 사물의 다른 측면이 보이기 시작하고 지금까지 전혀 몰랐던 의미와 가치를 발견할 수 있기 때문이다.

지금까지 네 마음을 칭칭 감고 있던 세상의 갑옷이 벗겨지고 새롭게 태어난 너 자신이 나타날 것이다. 너보다 주변 사람들이 이를 먼저 알아차리고 놀라움을 금치 못할 것이다.

요한복음 16:13

나는 사랑에 목마르다 128

나는 목마르다.

사랑에 굶주려 목이 마르다.

요한복음 19:28~

너희는 모두 알고 있다. '하나님만을 찬송하라'는 가르침을 받고 따랐다.

하나님은 곧 사랑이다.

사랑이 있다면 지배하지 않는다. 지배하지 않고 함께 살아간다. 함께 슬퍼하며 함께 웃고 함께 먹고 따뜻한 마음으로 이야기를 나눈다.

이것이 곧 하나님을 찬송하는 것이다.

마태복음 4:10

건져내는 것이 구원이다

나는 너희를 비판하는 것이 아니다. 엄격한 말만 늘어놓는 것처럼 보일지라도, 사실은 그저 너희가 사랑에 눈뜨길 바랄 뿐이다.

그리고 너희를 건져내고자 한다. 고민, 고통 등으로 질식할 것 같은 절망의 늪에서 너희를 건져내 구원하고자 한다. 그리하여 너희와 영원히 함께 살고 싶다.

누가복음 19:10~

슬퍼하는 자는 언젠가 마음이 치유된다. 누군가가 위로해주기 때문이다. 꼭 누군가가 오지 않아도 작은 동물의 울음소리, 주변 풍경의 사소한 무언가, 뜻밖의 우연이 마음의 위로가 된다.

이 위로를 알아채는 건 사랑을 받아들이는 것과 같다. 사랑을 받아들이는 것만큼 행복한 일은 없다. 세상에는 사랑에 굶주린 사람들이 많으니까.

마태복음 5:4

사랑은 소유하려는 생각을 없앤다

사랑이 있다면 "이것은 네 것이다", "이것은 내 것이다"라는 말이 사라진다.

사랑은 모든 것을 녹인다. 그래서 소유하려는 생각마저 없앤다.

빌립복음서 110b

두 사람이 진정한 사랑으로 맺어져 다른 사람을 사랑하려고 노력한다면, 이 두 사람은 수많은 위대한 일을 할 수 있다.

토마스복음 48

체면도 손득도 없이
사랑만으로 행동하라

기적이란 충만한 사랑이다.

세상의 체면이나 손득을 따지지 않는 사랑을 따르면

그것이 바로 위대한 기적이다.

토마스복음 29

젖을 먹는 아이는 이미
하나님의 나라에 있다

엄마 젖을 평온하게 빠는 아이는 그 상태 그대로 하나
님의 나라에 있다.

이 아이는 모든 것이 녹아들어 자기도 남도 없는 그저
따스한 평안과 사랑으로 감싸져 있다.

토마스복음 22

모든 것을 사랑함으로써
자기 자신을 구원하라

앞으로 내 이름을 대는 자가 수없이 많이 나타날 것이다. 그런 사기꾼들을 믿지 말라. 그들은 예언도 할 것이다. 절대로 믿지 말라. 그들은 사람들을 속여 돈을 모으려는 장사치에 불과하다.

이처럼 사기꾼이 만연하는 시대에는 수많은 나라에서 전쟁이 일어나고 백성끼리 싸우고 지진이 일어나며 기아에 허덕이게 될 것이다.

그러나 당황하지 말라. 일단 자기 자신을 구하라. 모든 것을 사랑함으로써 너 자신을 구원하라.

누가복음 21:8~

온몸이 사랑으로 충만하면
새로 태어나는 것과 같다

분명히 나는 "영혼에서 태어나지 않으면 누구든 하나님의 나라를 볼 수 없다"고 말했다.

그러자 너희는 "그렇다면 이미 세상에 태어난 자는 어떻게 다시 태어날 수 있습니까?"라고 물었다.

내가 한 말은 그런 의미가 아니다. 영혼에서 태어난다는 것은 영혼을 어머니로 삼는다는 뜻이다. 즉 사랑을 모태로 삼으라는 의미다. 구체적으로 너희의 몸과 마음을 사랑으로 충만하게 하라는 뜻이다.

지금부터라도 그런 사람이 되면 너희는 새로 태어난 것과 같다. 영혼에서 태어난 것이다.

요한복음 3:5~

생명수를 마셔라 138

목이 마르면 물을 마셔야 한다. 우리는 물을 계속 마시지 않으면 죽고 만다.

살고자 한다면 물을 마셔라. 끊임없이 솟아나는 샘의 샘물을.

물론 너는 이 비유의 의미를 잘 알고 있을 것이다.

요한복음 4:7~

내 행동 자체가 사랑이다.

사랑은 영이며 생명이기도 하다.

요한복음 5:36~

하나님의 위대한 일은
다름 아닌 사랑이다

너희는 '하나님이 하시는 위대한 일'이라는 말을 들은 적이 있을 것이다. 그리고 하나님이 하시는 위대한 일이니 무언가 대자연을 움직이는 엄청난 규모의 경이로운 일을 상상할지 모른다.

그러나 위대한 하나님의 일이란 그런 것이 아니다.

사람이 자신의 욕망이 아닌 사랑을 깨닫고 그 사랑의 힘을 믿으며 한 치의 의심도 없이 새로운 삶을 사는 것이다.

요한복음 6:29

내가 예루살렘의 오래된 신전에서 "수천 년 전부터 살았다"고 말한 것을 기억할 것이다. 그때 아무것도 모르는 청중이 "너는 이제 겨우 서른 살 정도밖에 안 된 것 같은데, 아브라함보다 더 오래 살았다는 말이냐? 이런 거짓말쟁이!"라고 외치며 나를 노려보았다.

'수천 년 전부터 살았다'고 말한 것은 내 말과 행동이 그렇다는 뜻이다. 내 말과 행동은 아주 오랜 옛날부터 살아 있었고 지금도 존재하며 앞으로도 영원할 것이다. 왜냐하면 인간에게 가장 소중한 것들이기 때문이다.

요한복음 8:58

악의 근원에는
사랑에 대한 무지가 있다

악의 근원에는 언제나 무지가 존재한다.

무엇에 대한 무지인가 하면 바로 사랑이다.

빌립복음서 123c

내 말은 언제나 머무른다

천지는 지나간다.

시대는 변한다.

그러나 내 말은 언제나 머무른다.

마태복음 24:35~

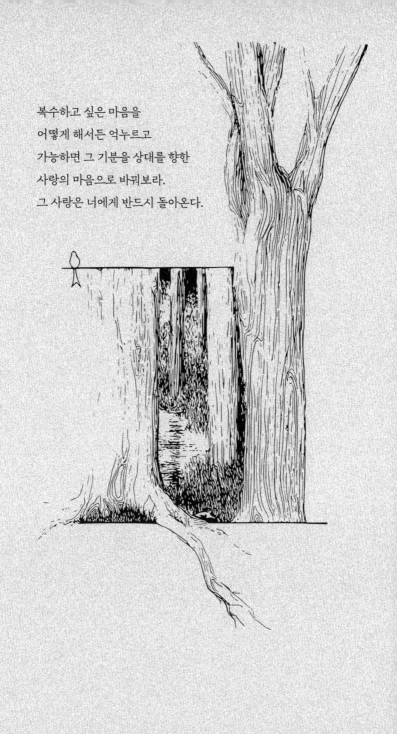

복수하고 싶은 마음을
어떻게 해서든 억누르고
가능하면 그 기분을 상대를 향한
사랑의 마음으로 바꿔보라.
그 사랑은 너에게 반드시 돌아온다.

길 잃은 어린 양을 찾는 기쁨

백 마리의 양을 소유했다고 해도 한 마리의 양이 사라지면 그 주인은 필사적으로 찾아 헤맨다. 황야를 샅샅이 뒤져서 간신히 찾아내면 너무 기쁜 나머지 양을 등에 업고 종종걸음으로 집에 돌아온다.

내가 길을 잃고 얼이 빠져 있는 너를 찾았을 때 역시 같은 마음이다. 얼마나 기쁜지 아느냐?

너는 아직 잘 모르겠지만, 너는 나의 어린 양이다. 내가 사랑하는 어린 양이다.

누가복음 15:4~

더럽혀지지 않은 너를 찾는다

유감스럽게도 너는 이미 이 세상에 물들었다. 이 세상에 숱하게 많은 사람과 조금도 다르지 않다.

그러나 단 한 가지, 세상의 먼지와 때에 찌들지 않은 모습이 있다. 어린아이였을 때의 너다. 나는 그런 너를 찾기 위해 짙은 어둠이 깔려도 황야를 맴돈다.

토마스복음 107~

기도든 단식이든 뭔가 종교적인 의식이나 행위를 치르면 그만이라고 생각하지 말라. 그것이야말로 어떻게 해서든 그럴듯하게 보이려 하고 수습하려는 추잡한 방식에 지나지 않는다. 겸허한 행동과 형식이 무엇이라고 생각하느냐? 순서가 뭐가 그리 중요한가? 가장 중요한 마음은 어디로 간 것이냐? 그래서 사랑이 메마른 불모지가 된 것이 아니냐?

토마스복음 104~

어린아이가 가장 위대한 자다

인간은 불가사의한 존재다. 수십 명이 모이면 서로 서열을 따지고 싶어 한다. 누가 위대한지, 누가 경력이 많은지, 누가 지위가 낮은지를 따진다.

내가 이제까지 몇 번이고 말하지 않았느냐? 사랑의 나라에서 가장 위대한 자는 어린아이라고. 가장 작고 솔직하며 악의가 없으니, 어린아이야말로 위대한 자다.

누가복음 9:46~

남을 속일 작정이라면 어떤 말을 해야 할지 여러 번 연습해야 한다.

그러나 나를 믿고 사랑으로 충만한 삶을 살기 시작하면 미리 어떤 생각을 하지 않아도 된다.

그때그때 자신의 기분과 생각을 솔직하게 말하면 된다.

사랑이 대신 말해줄 테니까.

마태복음 10:19~

사랑은 사랑으로 이해한다

이성을 따른다고 내 말을 이해할 수 있을 것 같은가? 그렇지 않다. 이성은 이 세상의 도리를 이해하기 위한 것이니까. 내 말을 있는 그대로 이해하는 것은 영뿐이다. 아니, 사랑뿐이다.

요한복음 6:63~

내가 아니라
사랑이 말하는 것이다

150

이 말들은 내가 말하는 것이 아니다. 사랑이 사랑에 관해서 다양한 비유를 들어 이야기하고 있다.

요한복음 7:17~

이 세상은 사랑을 가벼이 여긴다

이 세상은 사랑을 가벼이 여긴다. 사랑은 그저 시간을 보내는 가벼운 행위나 술꾼이나 하는 짓이라고 생각한다. 사람들은 사랑보다 훨씬 더 가치 있다고 선전하며 다양한 것을 팔아 치운다. 사랑 따위에 매달려 있으면 부자가 될 수 없다고 설교한다. 이 시대에 사랑의 나라는 심한 공격을 당하고 있다.

마태복음 11:12~

세상일에 마음을 뺏기면
사랑을 모른다

내가 이렇게 일상을 예로 들어 쉽게 설명해도 이해하지 못하는 사람이 많다. 왜 모르는가 하면 이미 다른 일에 마음을 빼앗겼기 때문이다. 그래서 그것 이외의 일에는 관심도 주지 않고 듣지도 않는 것이다.

언젠가 그들이 신중한 마음가짐으로 진정한 사랑을 찾기 시작하더라도, 불행하게도 쉽게 사랑을 찾지 못한다. 결국 그들 스스로가 대가를 치르는 것이다.

마태복음 13:10~

고집스러운 마음을 바꾸면
사랑을 알게 된다

고집이 센 사람일수록 사랑을 모른다. 하지만 고집이
세더라도 일단 한번 마음이 꺾이면 진정한 사랑이 무
엇인지를 확실히 알 수 있다.

오히려 세상 사람들이 손가락질하며 업신여기는 일에
종사하는 사람 중에 진정한 사랑을 알아차리는 사람들
이 많다. 그들은 장사치나 위정자들보다 먼저 사랑의
나라에 들어갈 수 있다.

요한복음 12:40

사랑을 비처럼 뿌려라

비는 모든 사람에게 내린다. 눈물을 흘리는 자에게도,

악인에게도, 기뻐서 날뛰는 사람에게도.

너희들의 사랑도 이런 비와 같기를.

마태복음 5:45~

방탕한 아들

어느 유복한 자에게 두 아들이 있었다. 어느 날, 작은아들이 아버지에게 이렇게 말했다.

"아버지, 나중에 제게 주실 재산을 지금 미리 주실 수는 없습니까?"

아버지는 흠칫 놀랐지만, 어차피 남겨줄 생각이었기에 재산을 반으로 나누어 두 아들에게 각자의 몫을 주었다.

그로부터 며칠이 지나지 않아 작은아들이 갑자기 사라졌다. 자기 짐을 모두 챙겨서 먼 나라로 여행을 떠난 것이었다. 당혹감에 빠진 아버지는 아들을 찾으러 밖으로 뛰어나갔지만, 이미 아들의 모습은 사라진 지 오래였다. 다음 날도 아버지는 아들을 찾으러 나섰다. 오늘은 돌아올지도 모른다는 생각 때문이었다. 그다음 날도 아버지는 아들을 찾으러 나섰지만, 눈에 보이는 것은 풀을 뜯고 있는 소와 열심히 일하는 일꾼들의 모습뿐이었다.

한편 집을 떠난 작은아들은 마치 자신이 큰 부자라도 된 것처럼 여행지에서 유흥에 아낌없이 돈을 써댔다. 매일 흥청망청 즐기다 보니 수중의 돈이 점차 사라졌다. 조금만 더 놀자는 생각이 들었을 때는 이미 아버지에게 받은 재산이 아주 조금밖에 남지 않은 상태였다.

바로 그때 작은아들이 머물던 곳에 기근이 들었다. 사람들은 먹을 것이 없어서 곤란한 상황에 빠졌다. 그는 어떻게든 살길을 찾아야겠다는 생각에 그곳의 땅 주인에게 달려가 애원했다. 그리고 겨우 돼지를 기르는 일을 구했다. 하지만 품삯은 식량을 구하기에 턱없이 부족했다. 오죽하면 돼지 사료인 메뚜기콩이라도 먹어야겠다는 생각이 들 정도였으니. 배고픔을 견디다 못한 그는 혼미한 정신을 부여잡고 한숨을 내쉬며 혼잣말했다.

"이게 무슨 일이람⋯. 아버지와 함께 살 때는 우리를 위해 일하는 일꾼도 많고 먹을 음식은 그보다 더 많았는데. 그런 자의 아들인 내가 이런 곳에서 굶어 죽을지도 모른다니. 그래, 지금이라도 집으로 돌아가자. 우물쭈물 이러고 있을 바에는 아버지 품으로 돌아가자. 아버지께는 절대 용서받지 못할 거야. 그야 당연하지. 하지만 솔직하게 용서를 구하자. 어차피 죽을 거라면 고향 땅이라도 한번 밟고 죽자."

그리하여 작은아들은 왔던 길을 되돌아가 깡마른 모습으로 그토록 그리던 고향 땅을 밟게 되었다. 조금만 더 가면 아버지 댁이 닿는 곳에 도착하자, 먼발치에서 한 사람의 형상이 보였다. 다름 아닌 아버지였다. 나이 든 아버지는 아들을 만나자 든든한 팔로 부둥켜안고 기쁨의 눈물을 흘리며 키스를 퍼부었다.

"이렇게 기쁜 일이 또 있으랴? 마치 꿈만 같구나. 멀리 떠났던 아들이 돌아왔구나. 드디어 돌아왔어."

작은아들은 생각지 못한 아버지의 환대에 놀라며 대답했다.

"아버지, 죄송합니다. 저는 아버지 아들로서 자격이 없습니다. 아버지와 하나님의 뜻을 거스르고 흥청망청 즐기며 전 재산을 탕진하고 말았습니다."

하지만 아버지는 전혀 개의치 않고 곧바로 일꾼들에게 지시를 내렸다.

"자, 모두 연회를 준비하라. 작은아들을 위해서 가장 비싼 옷을 내오너라. 반지도 끼우고 신발도 신겨라. 그리고 통통하게 살이 오른 어린 소를 잡아라. 죽었다고 생각한 아들이 살아 돌아왔다! 이보다 더한 기쁨이 어디 있겠느냐? 자, 성대한 연회를 열자꾸나. 곡을 연주하고 무용수들도 불러라."

이윽고 밭일을 마치고 돌아온 큰아들이 소란스러운 집 안 분위기를 느꼈다. 일꾼들에게 이유를 묻자, 사라졌던 동생분이 돌아와서 연회를 준비하고 있다는 대답이 돌아왔다. 놀란 큰아들이 집 안으로 선뜻 들어서지 못하고 망설이고 있자, 아버지가 큰아들을 맞이하러 밖으로 나왔다. 그러자 큰아들은 성난 얼굴로 아버지에게 이렇게 말했다.

"아버지, 저는 지금까지 저희 집안을 위해서 열심히 일했습니다. 아버지 말씀은 단 한 번도 거역한 적이 없고 재산도 탕진하지 않았습니다. 그런데 아버지는 제가 가끔 친구들을 불러 연회를 열 때 작은 양 한 마리도 내어주지 않으셨습니다. 그런데 방탕한 생활을 하며 재산을 모두 탕진하고 돌아온 아우에게 비싼 소를 내어주시다니요? 너무 불공평합니다."

그러자 아버지가 고개를 끄덕인 후 큰아들을 달래며 이렇게 말했다.

"네 말은 잘 알겠구나. 너는 항상 나와 함께 있었고 늘 훌륭한 아들이었다. 물론 재산을 둘로 나누기는 했지만, 이제 모두 다 너의 것이 아니냐? 잘 생각해보거라. 죽은 줄 알았던 네 동생이 살아 돌아왔다. 오랫동안 없었는데 겨우 찾지 않았느냐? 그러니 이 일을 어찌 기뻐하지 않을 수 있겠느냐? 너는 이런 내 마음을 알지 못하겠느냐?"

'내일은 어떻게 될까?' 하며 끙끙 앓지 말라.
오늘을 열심히 산 자신에게 만족하자.
그리고 밝게 웃어보자.
달과 별과 사랑으로부터 위안을 받자.

VI

세상의 가치관을
의심하라

이 세상의 모든 것, 그것이 아무리 환히 빛나고 가치
있는 것처럼 보여도 시체와 다름없다.

이 세상에 가치를 두지 말라. 이 세상을 즐기는 자들을
흉내 내지 말라.

자기 자신을 찾는 방법을 아는 너희는 이미 이 세상과
어울리지 않으니.

토마스복음 56

세상의 가치를 믿지 말라

이 세상은 영원히 어우러지지 않을 쓰레기 같은 것들
이 우쭐대며 사는, 마치 시체가 산처럼 쌓인 곳 같다.
대중의 형편에 맞춘 선악과 윤리, 비정하게 또는 부당
하게 취득한 수많은 재물, 겉모습에 따른 차별, 외형만
가꾸는 미와 위엄, 폭력적인 젊음, 힘에 의한 제압, 자
기중심주의, 협박적인 전체주의까지. 즉 세상은 오로지
지금밖에 효력이 없는 법률에 따라 재판을 한다.

토마스복음 56

나는 평화를 주러 온 것이 아니다. 나는 손에 평화가 아니라 검을 쥐고 왔다.

나의 사고방식과 말은 상당한 이질감과 반발을 살 것이다. 이 세상에 익숙한 자들의 가치관을 거스르기 때문이다. 나는 수많은 사람이 지닌 지금의 사고방식을 부정한다.

그리고 검으로 잘못됐다며 벌할 것이다.

마태복음 10:34

이 세상의 허위와 탐욕, 폭력을 불태운다

내 역할은 이 땅에 불을 던지는 것이다.

불은 뭔가를 태운다. 불태워 없앤다.

무엇을 태우고 무엇을 없앨 것인가 하면, 이 세상을 뒤덮고 있는 먼지와 쓰레기다.

악취를 풍기는 허위와 속임수, 오만, 거만, 으스댐, 탐욕, 폭력, 부패, 간사함, 배신과 같은 것들이다.

누가복음 12:49~

세상의 이목에 정신이 팔리면
내 말이 귀에 들어오지 않는다

삶에 도움이 되는 매우 중요한 말이 들리는데도, 너희는 듣지 않는다. 귀에 들리는 말의 의미를 조금도 알지 못한다.

그 이유는 명확하다. 세상의 이목에만 정신이 팔렸기 때문이다. 남들 눈에 자신이 어떻게 비치는지, 어떤 장사를 하면 떼돈을 벌 수 있을지, 어떻게 하면 이득을 볼 수 있을지, 어떻게 하면 손해를 보지 않을지만 생각한다.

세상의 이목에만 신경 쓰니 정작 중요한 말의 의미를 모른다. 이대로라면 결국 자신의 인생을 버리는 꼴이 된다.

마태복음 13:22

나는 하나님을 이용해서
권위를 얻으려는 자가 싫다

나는 다음과 같은 행위를 하는 자들을 싫어한다.

그들은 '하나님을 존경한다'며 겸허한 척 예배를 드린다. 하지만 그들이 가르치는 것은 자신들의 생각이다. 그리고 자신들이 멋대로 만들어놓은 전통이 마치 하나님에게서 유래된 것처럼 꾸미며 권위를 갖다 붙인다. 또한 그런 가르침을 강요해 아무것도 모르는 자들을 고통스럽게 한다.

그들은 자신의 그릇과 잔, 동상을 깨끗이 하는 의식을 치르고 그때마다 사람들에게 돈을 갈취한다. 또 자기가 일반인보다 높은 인격을 소유한 남다른 인간이라고 세뇌하고자 특별한 옷차림을 한다.

마가복음 7:6~

너희는 '원수를 사랑하라'라는 내 가르침을 듣지 않는다. 들어도 얼굴을 돌리고 코웃음을 친다. 마음속으로 '이상한 가르침'이라고 생각한다.

이는 너희가 내 말을 세상의 가치관으로 판단하기 때문이다. 그렇기 때문에 '원수를 사랑하면 손해가 아닌가?'라고 생각한다. 또는 '적대시했던 상대방을 사랑하면 다른 사람들이 뭐라고 하겠는가?'라고 생각한다.

그렇다. 너희는 세상의 가치관과 평판을 신으로 추앙하는, '세상교'의 신도들이다. 이는 예부터 존재했던 사이비 종교다.

누가복음 6:27~

의기양양한 표정으로 설교하는 자를 경계하라. 그들의 말에 놀아나지 말라. 그들은 멋진 직함을 과시하며 도덕적인 충고를 일삼을 것이다. 하지만 그들이야말로 속이 검은 이리다.

그들은 번지르르한 말로 지시만 내리고 스스로 움직이지 않는다. 위에 앉아서 이해하는 척하지만, 그저 말뿐이다. 본인이 손해를 보는 일은 절대 하지 않는다. 그들은 얌전한 양의 옷을 입고 있을 뿐이다.

마태복음 7:15

세상의 가치관에 따르면
세상의 고통에서 벗어날 수 없다

나는 이 세상 사람이 아니다. 하지만 너는 이 세상 사람이다.

네가 왜 이 세상 사람인가 하면 그저 이 세상에 살고 있어서가 아니라, 세상 사람들이 하는 대로 따르기 때문이다. 남들을 흉내 내고 세상이 말하는 가치관과 선악이 대부분 옳다고 믿기 때문이다. 자기 이득만 챙긴다면 언젠가 유명한 사람이나 부자가 되리라고 여기는 것이 이 세상 사람들의 특징이다.

이렇듯 네가 이 세상 사람인 이상, 세상의 수많은 사람이 느끼는 슬픔과 고통, 죽음을 똑같이 맛볼 것이다.

요한복음 8:23

주변 사람들이 무슨 말을 해도
자신을 비하하지 말라.
너는 가치 있는 사람이다.
단지 지금은 세상 사람들이 너의 가치와
능력을 알아보지 못할 뿐이다.

이런 세상에서 살며 고통스럽지 않은가?

주변에는 뭘 해도 비판하는 사람들이 있다. 조금이라도 실수를 저지르면 바로 추궁당한다. 누구나 자기 자신에게는 관대하면서 남에게는 엄격하다. 어디를 가든 경쟁과 투쟁이 존재한다. 쉬는 날이 있어도 마음 편히 쉴 수 없다. 태어날 때부터 신분과 계층이 정해지고 평등은 그저 말뿐이다.

이 세상에 속한다는 것은 그런 것이다. 나는 이 세상에 속하지 않는다. 그래서 나는 이 세상이 모르는 자유를 알고 있다. 너희도 나와 같이 되고 싶지 않은가?

요한복음 8:23~

잠깐이라도 좋으니 단 하루만이라도 나와 함께 있지 않겠는가? 나와 같은 삶을 살아보지 않겠는가?

그러면 지금까지 숨어 있던 것들이 네 앞에 나타날 것이다. 이는 나와 네가 지금 여기에 살아 숨 쉬고 있다는 증거이기도 하다.

토마스복음 108~

눈이 먼 채로 태어난 사람이 있다. 이 사람에 대해서 세상 사람들은 부모가 죄를 지었기 때문이다, 혈통이 나쁘기 때문이다 등 이러쿵저러쿵 떠들어댄다. 제발 대가를 치러야 하는 이런 악담은 그만두자.

눈이 보이지 않는 것은 과거에 죄를 지었기에 받는 벌이 아니다. 이런 사람이 있기에 주변 사람들에게 친절한 마음과 사랑을 베푸는 법을 배우게 된다고 생각해보는 것은 어떤가? 그리고 눈 먼 이에 대해서 진지하게 생각해보는 기회를 얻는다고 느껴보는 것은 어떤가?

만일 누구나 눈이 보인다면 이 세상이 어떻게 됐을지 상상해본 적이 있는가? 아마도 지금보다 훨씬 더 차별이 심하고 참혹하며 잔인한 세상이 됐을 것이다.

요한복음 9:1~

세상의 상식을 따르는 한, 사랑을 얻을 수 없다

많은 사람이 신부의 방문 앞에 서서 안으로 들어가려고 하겠지만, 안으로 들어갈 수 있는 자는 독신 남자뿐이다.

이 비유를 이해하라. 신부의 방이란 무엇인가? 사랑으로 충만한 새로운 세계다. 문 앞에 서 있는 수많은 사람이란? 구태의연한 세상의 관습과 상식에 익숙한 채 마치 세상과 결혼한 것처럼 행동하고 만족하는 남자들이다. 독신 남성이란 무엇인가? 세상에 물들지 않은 순수한 사랑을 갈구하는 남자다.

토마스복음 75

타성과 금전욕은
진실한 사랑을 가린다

너의 눈과 귀는 막혀 있다. 그래서 진실한 사랑을 보지 못하고 진실한 단어가 무엇을 의미하는지 이해하지 못한다.

너의 귀와 눈을 막는 것은 주변 사람들과 얽히고설킨 관계의 굴레다. 그리고 조금이라도 더 많은 금전을 얻으려는 마음이다. 이 두 가지가 너를 둔감하게 한다.

이대로라면 네 인생에 유익한 열매는 없다. 어떤 대가도 바라지 않는 순수한 사랑이 무엇인지 영원히 알 수 없다.

마태복음 13:21~

언제나 과거보다 현재가 중요하다

예부터 내려오는 전통이나 관습이 모두 옳은 것은 아
니다. 오랜 시간에 걸쳐서 인간의 삶과 함께해온 것이
라도, 그것이 세속적인 삶의 요령에 의해서 만들어진
것이라면 새로운 삶을 시작하려는 너에게 방해가 된다.
무덤에 매장된 수많은 옛사람이 소중한 것이 아니다.
지금 여기에 살고 있는 네 삶의 방식이 소중하다.

마태복음 15:1~

세상에 자신을 맞추려고 하지 말라

나는 예전에 "무엇을 입을지 걱정하지 말라"고 말했다. 이 비유를 이해하는가? 단순히 옷차림에 신경 쓰지 말라는 의미가 아니다.

오늘 무엇을 입을지 자신이 남에게 어떻게 보일지 이런저런 생각을 하는 태도는 이 사회를 사는 자신을 생각하는 것이다. 즉 사회를 중시하고 사회라는 속세에 자신을 맞추려는 것이다.

이런 식이라면 진실한 사랑을 알 수 없다. 참사랑을 알고 싶다면 자기 몸과 마음에 입혀진 속세라는 옷을 벗어던지고 알몸이 되어라. 순수한 어린아이와 같이.

토마스복음 36, 37

네게 묻겠다. 언제까지 고향에 묶여 있을 셈인가? 어째
서 자신의 혈통과 출신에 집착하는가?

너는 세속적인 것을 모조리 버리고 나를 따르겠다고
말하지 않았느냐?

너는 너 자신을 새롭게 하고 싶어 했고 그것을 바라지
않았느냐?

토마스복음 55~

이 세상의 가치관과
다른 진실을 보아라

이 세상의 매일 반복되는 일상에 지쳤다면, 내게 오라.
어떻게 하면 평안으로 충만한 삶을 살 수 있는지 알려
주겠다.
이 세상의 사랑에 지쳤다면 내게 오라. 진실한 사랑이
무엇인지를 보여주겠다.
그리고 나는 네 편이 되겠다. 또한 너를 지치게 한 이
세상의 세속적인 가치관과 다른 진실을 보여주겠다.

토마스복음 90~

아까워하지 말라. 집착하지 말라.
이 세상은 그저 다리다.
너는 그곳을 건널 뿐이다. 머무르지 말라.
그저 건널 뿐이다. 뒤돌아보지 말라.

나는 이 세상의 가치와
관습을 파괴한다

나는 이 세상을 파괴한다.

이 세상의 가치, 그 가치에서 나온 풍습, 그 풍습에서

나온 습관을 파괴한다.

내 말과 행동에 의해 이 세상에 금이 생길 것이다.

그 금에서 균열이 생기고 세상이 나뉠 것이다.

마가복음 14:58~

어린아이의 상태로 돌아가라

이 세상의 교활함과 간사함을 몸에 익혀 약삭빠르게 움직이며 악랄하게 돈을 버는, 괴물과 같은 사람이라도 본래는 순수한 아이였다.

나의 바람은 그런 자가 순수한 어린아이의 상태로 되돌아가는 것이다. 그것이 그 자의 마지막 지점이다. 태어날 때의 첫 모습이 그 사람의 마지막 모습이다. 거기에는 이 세상이 두려워하는 죽음도 사라지고 없다.

토마스복음 18~

무엇이 옳은지 스스로 생각하라

분명히 너는 옳은 것이 무엇인지에 대해서 스스로 생각해본 적이 없을 것이다. 너를 길러준 부모, 존경받는 연장자들, 혹은 대다수의 사람이 옳다고 말하는 것이 진정으로 옳다고 착각하고 있을 것이다.

말해두지만 이 세상에서 정한 법률이 옳은 것을 뜻하지는 않는다. 전통이나 인습에 따라 옳다고 여겨지는 것들도 그 시대 사람들이 멋대로 정한 것에 지나지 않는다.

따라서 너 혼자 힘으로 생각해야 한다. 무엇이 진정으로 옳은 것인지를.

누가복음 12:57~

너희는 남에게 너무나도 쉽게 욕설을 퍼붓는다. 남을 따돌리고 무시하고 간접적으로 죽음에 이르게 한다. 너희는 법에 저촉되지 않는 범위 내에서 서슴없이 악행을 저지른다.

그러나 현행법이 그런 너희를 무죄라 용서해도 나만은 용서치 않으리라.

마태복음 5:21~

법률은 사람을
편하게 해주기 위해 존재한다

법은 인간의 삶을 틀에 맞추고 억압하기 위해 존재하는 게 아니다. 법은 인간의 생명과 자유를 지키고 편히 살 수 있도록 하기 위해 존재한다.

법은 인간을 죄로 판단하기 위해 존재하는 것도 아니요, 인간의 자유로운 행위를 벌하기 위해 존재하는 것도 아니다. 법은 어떤 경우라도 살아 숨 쉬는 인간 아래에 존재해야 한다.

마태복음 12:3~

법에 기대지 말라

절대로 법을 숭상해서는 안 된다. 법은 진정한 정의가 아니다. 법은 그 시대의 사람들이 자신의 형편에 맞도록 정한 세속적인 풍속에 지나지 않기 때문이다.

법에 기대는 만큼 사회는 비뚤어질 것이고 사람들의 마음은 고통스러울 것이다.

토마스복음 43

사람을 심판해서 자유와 생명을 빼앗는 것이 옳은 일인가

우리는 죄를 저질렀다는 이유로 사람을 심판대 위에 세우고 형량을 정해서 감금하거나 처형한다. 이것이 과연 인간에게 적합한 일인가? 이런 재량을 어디까지 옳다고 말할 수 있는가? 누가 어느 정도의 죄를 범했는가 하는 재판의 판단 근거 자체는 사실 그 시대의 풍조에 의해서 정해지는 것이 아닌가?

그렇다면 시대가 변할 때마다 죄의 무게도 변할 것이다. 이렇게 기준이 애매모호한데도 그런 죄의 대가로 한 사람의 자유와 생명을 빼앗아도 되는가?

나는 그렇게 잔혹하고 비인간적인 재판 방식을 '육체에 의한 재판'이라고 부른다. 육체와 같이 언젠가 쓸모없게 될 것을 기준으로 하는 몹시 비정한 재판이기 때문이다.

요한복음 8:15

재판은 복수의
다른 말일 뿐이다

복수할 권리는 하나님에게 있지 인간에게는 없다. 이를
잊어서는 안 된다. 너희가 행하는 제재는 이름만 바꿨
을 뿐, 사회적인 복수가 아닌가?

요한복음 8:15

대체 얼마나 살생을 해야
만족할 것인가

도대체 얼마나 많은 사람을 죽여야 만족할 것인가?
자신과 겉모습이 다르다고 죽이고, 사고와 가르침이
다르다고 죽이고, 듣기 거북한 말을 늘어놓는다고 죽
인다. 또한 자신들의 지위와 체제가 무너진다며 죽인
다. 예부터 얼마나 많은 사람의 피가 희생되었는가?
이런 시대는 반드시 규탄받아 마땅하다.

누가복음 11:47

돈과 권력에서
천국은 나지 않는다

폭력에 의해 만들어진 평화는 허울뿐이다. 강요나 제도에 의해서 생겨난 규율과 윤리도 빛 좋은 개살구일 뿐이다.

돈으로 사람을 복종시키고 권력과 연설로 사람들을 따르게 하며 마치 승리한 왕과 같이 구는 사람이 천국에 대해 자만하며 이야기한다.

마태복음 11:12

사람을 사랑하지 않는 종교는
의미가 없다

종교 관계자여, 너희는 많은 헌금을 내고 있다. 예식과 행위 모든 것이 훌륭하다. 그대들은 그런 행위를 통해서 상석에 앉는 데 대해 기뻐한다. 그리고 더 좋은 직함을 얻으려고 한다.

하지만 실제로 사람을 사랑하지 않는다. 집요한 자기애와 거만한 마음만 있을 뿐, 너희는 하나님조차 사랑하지 않는다. 그런 너희의 종교는 대체 무엇이냐?

누가복음 11:42~

영원한 것을 받아들여라

너는 언젠가 반드시 무효가 된다. 이 세상이 주는 모든 것들은 시간과 효력이 정해져 있다. 아니면 도중에 부패해버린다.

그런 것들을 믿고 기댄다면 너는 언젠가 모든 것을 잃게 될 것이다. 그러니 내가 주는 것을 받아라. 그것은 영원히 유효할 것이다.

요한복음 6:35~

천지는 지나간다.
시대는 변한다.
그러나 내 말은 언제나 머무른다.

참고문헌

- 페데리코 바르바로 역, 『성서聖書』
- 프랜시스코회 성서연구소 역주, 『신약성서新約聖書』
- 아라이 사사구 공역, 『복음서·나그함마디 문서 II 福音書·ナグハマディ文書 II』
- 로돌프 케이서 공편, 후지이 루미 공역, 『원전 유다복음서原典ユダの福音書』
- 카렌 L. 킹, 야마가타 다카오 공역, 『막달라 마리아 복음서マグダラのマリアによる福音書』
- 아라이 사사쿠 편저, 『신약성서 외경新約聖書外典』
- 아라이 사사쿠, 『토마스 복음서トマスによる福音書』
- R. 알란 콜, 야마구치 노보루 역, 『틴데일 성서 주해 마가복음서ティンデル聖書注解 マルコの福音書』
- R. 알란 콜, 야마구치 노보루 역, 『틴데일 성서 주해 마태복음서ティンデル聖書注解 マタイの福音書』
- 독일성서공회, 『루터 성경Die Bibel nach Martin Luther Deutsche Bibelgesellschaft』

옮긴이◦이지현

이화여자대학교 의류직물학과를 졸업하고 일본여자대학교로 교환 유학을 다녀왔다. 이후 이화여자대학교 통번역대학원 한일번역과를 졸업했다. 현재 엔터스코리아 일본어 번역가로 활동 중이다. 주요 역서로는 『우리는 사랑을 모른다』, 『인생에서 가장 소중한 것은 서점에 있다』, 『버리는 용기 100』, 『영업의 신 100법칙』, 『생각법이 달라지는 스탠퍼드 교육법』, 『뒤탈 없이 화 내는 법』 등이 있다.

지혜를 구하자 문제를 주셨습니다

초판 1쇄 발행◦2025년 6월 4일

지은이◦시라토리 하루히코
옮긴이◦이지현
펴낸이◦박혜연
마케팅◦김하늘
펴낸곳◦㈜윌마　**출판등록◦**2024년 7월 11일 제2024-000120호

ISBN 979-11-992478-2-6 (03100)

㈜윌마는 독자 여러분의 책에 관한 아이디어와 원고 투고를 기다리고 있습니다. 책 출간을 원하시는 분은 이메일 wilma@wilma.kr로 간단한 개요와 취지, 연락처 등을 보내주세요.